大展好書　好書大展
品嘗好書　冠群可期

大展好書　好書大展
品嘗好書·　冠群可期

吳式太極拳 4

吳式太極拳劍

附 DVD

■吳秉孝 著

大展出版社有限公司

宗師吳鑒泉先生

先師（父）吳桐先生

1989年作者帶隊參加比賽，獲成年組團體第一名

1990年作者應邀到蒙古國講學

2001 年作者教授台灣同胞陰把槍法

1988年作者榮獲「武術貢獻獎」

1995年作者榮獲「中華武林百傑」稱號

前　言

　　吳式太極拳，是吳鑒泉宗師從楊式小架太極拳發展創編的太極拳，故稱吳式太極拳。先父吳桐20世紀20年代在北平讀書時，被鑒泉先生收為門徒，學得該拳術，因此該拳也是最早傳入綏遠省的太極拳種。當時先父在省國術館傳授時，館員們認為它練起來軟綿綿的，只適合女性們練習，故一時把它稱為「娘娘拳」，無人學習。後來先父用太極推手的黏隨勁力征服了他們，才逐步將該拳傳承下來。

　　50年代有些機關團體請先父教授太極拳，在傳授中發現許多學者，尤其是老年學者，既覺得簡化太極拳簡單，運動量小，提不起練習興趣，又感到傳統太極拳重複動作過多，特別是自己練習時易混亂，難以完整演練下來。根據他們所反映的問題，先父經長期思考，認為有必要精簡傳統套路中過多的重複動作。於是他對照拳譜反覆演練，精簡編排，並適當地增加了反向的對稱拳勢，如下

勢、攬雀尾、蹬腿、打虎勢等，以提高鍛鍊效果。

不知他練了多少時日，終於在50年代末，改編完成了這一套路並讓我學習。之後，我在傳授老套路的同時又增加了新內容。因新套路沒有破壞老套路的編排程序，所以很容易學練。我在多年的傳授中，為了加大運動量，經常將新老套路連在一起練習。多數學員反映，新套路結構精練，內容全面，所以就逐漸將教學改成單一的新內容，不過只要參照老拳譜，還可將傳統套路撿起來。本書所介紹的就是先父吳桐所改編的新套路。

太極劍是與太極拳同時由先父帶回綏省的劍術。它在練法上與太極拳截然不同，其特點是剛柔相濟、快慢相間，如此才能將器械的性能完美地表現出來。

吳式太極劍雖出自同一拳種的劍術套路，但我所見的該劍術套路卻不盡相同，如有的為81式，有的為92式。本書所介紹的原為75式，後將部分對稱動作的名稱合併後，成為69式。此外，劍譜中的動作名稱雖大同小異，但劍法則有所不同。這說明該套路的傳承歷史較久遠，並在傳承中，因前輩拳師在技藝上有較深厚的造詣，對所傳承的內容有所發展而致。

中華武術就是在傳承中發展，在發展中再傳承的不斷昇華中發展起來的。筆者認為吳式太極劍所以有不同的版本，就是在繼承中發展的結果，我們應珍視和傳承它。本書為了突現拳論中所提示的行功時「重意」的宗旨，特將拳、劍中的技術含義注在圖解之後，以供習練者參考。

目　錄

上篇 太極拳

第一節　太極拳如何調養身心

中國古代稱調養身心健康的鍛鍊為「養生」，其意就是保養身體。歷史上最早的養生記載出自莊子《刻意篇》：「吹噓呼吸，吐故納新，熊頸鳥伸，為壽而矣。此道引之士，彭祖考壽者之所好也。」（道引即導引，是指呼吸運動和軀體運動）李頤在注解《刻意篇》指出：「導引者：導氣令和，引體令柔。」《黃帝內經》進而提出：「只有形與神俱」，「形體不蔽，精神不散」，才能「盡終其天年，度百歲乃去」。歷代諸多養生家，透過實踐均主張：「形神兼養，首在養神。」其實形與神是一個整體，形為神之寓所，神是形之主宰。形體活動可產生人體賴以生存的精血，「神」是在形體全部生理活動中產生出來的最高級的生理機能。

太極拳是在吸收了傳統養生法之精華而逐步發展起來的，既調養身心健康，又傳承武藝拳道。太極拳勻慢深長

的呼吸法和柔緩的拳術運動，構成了它「用意不用力」的行功法則，這可謂是繼承發展了這一文化。給養生增添了「動中求靜」的養神新篇章。養神文化從靜養走向動養，確是一個飛躍。在《太極拳論》中，對養神的論述有諸多之處，如：「全身意在蓄神」，「內固精神，外示安逸」，「神宜內斂」，等等。

拳論中如此重視神的修煉，一是因為神為一身之主宰，《內經》云：「得神者昌，失神者亡。」二是因為神有「任萬物，理萬機」的特徵。常處在易動而難靜的狀態。所以古人常用「養靜」來排除躁動，以達養神之效。

太極拳動作柔和緩慢，行功時只要按照「用意不用力」和「勢勢存心揆用意」的法則，去探究蘊含在拳勢中的技擊要領（雖然此內容均為假設），久而必將在大腦皮質中留下深刻的印跡，形成條件反射。人類生活中的一切運動及勞動技能都是條件反射，一個人條件反射建立的越多，則能越多的應對客觀情況，然而該反射的形成是有條件的，其中最主要的是全身心地投入在所關注的事物中。可見行功時，「存心揆用意」既可得到拳法技藝，同時更能獲得「動中求靜」的養神效益。

如果說「勢勢存心揆用意」有點概括，那麼從「由著熟而漸悟懂動，由懂勁而階及神明」的拳論中，就更能深刻地理解，在習拳行功中，如何有步驟地用意念去探究拳式的內涵。「著」者拳之招勢（運動技法），先師們常用「招圓勢正」來要求習者。即拳法要圓活、協調，架勢要規範，此可謂「著熟」。之後，便可在勁力的剛柔上應有

所調整。

根據拳術攻防含義，按照「左重則左虛」（走化），而右實已去；「右重則右杳」，而左實已去的原則，用意念去調整勁力的剛柔，以應對虛實之變，這就是「用意不用力」的法則。「太極者，無極而生，動靜之機，陰陽之母也」、「陰陽相濟，方為懂動」。

可見，練太極拳時，能隨勢調整勁力，使剛柔互補，可謂「懂動」。然而在行功時，不知斂神用意，只重用力，或形似用功，卻心不在焉，終不可得此功夫。

如何斂神？為說明這一問題，還需粗淺地瞭解一些大腦的知識。人的大腦結構非常複雜，從表面看有很多溝裂，其較大的可分為：額葉、頂葉、顳葉、枕葉和腦島。根據其結構特點，生理學上把它們分為47個區，如4區主要與運動機能有關，1、2、3區主要與身體感覺有關，還有的與視覺、聽覺、植物性機能有關……此外，大腦皮質是用興奮與抑制過程的生理機能，來調控全身各組織器官的生理活動。這一區域皮質興奮時，其興奮波可向周圍其他區域擴散，使它們受到抑制。受抑制即能獲得休息的機會。生理學稱此謂「積極性休息」。這就是大腦皮質各機能區工作（興奮）與休息（抑制）的微妙調節機制。

「動中求靜」就是運用這一機制來提高運動機能的興奮性，使其他區域的皮質獲得充分的休息機會。而運動機能的興奮性越高，則越能形成拳技的條件反射，也能使其他區域得到更好的休息。可見「動中求靜」的養神法則，是用神專一和排除雜念的極好訓練方式。而排除雜念，減

少貪慾，則可使神氣收斂。用神專一，可使智慧發揮更大的能量。拳論云：「若言體用何為準，意氣君來首肉臣。想（詳）推用意終何在，益壽延年不老春。」意氣足，則人的一切生理功能就能正常發揮，這是健康長壽的根本因素。

第二節　太極拳對身姿的要求

1.虛領頂頸

這是練太極拳時對頭頸姿勢的要求，即頸部應自然竪直（下頜收回），既不弛項，也不強頸，如此方可轉動自如。「頂頸」是指頭頂百會穴（頭頂正上方）有輕輕上頂之意，或想像百會穴上有一繩索，將身體向上懸吊著，故又稱「頂頭懸」。意即使百會穴與會陰穴（兩陰間）成一垂線。身體圍繞這一軸線轉動自然靈便，練拳時也就不會出現俯仰、歪斜之弊（因人的頭部位置改變時，會反射性地引起四肢肌肉的張力，產生重心調整的變化，以維持身體的平衡。生理學稱此謂「狀態平衡」）。

總之，頭不正會影響重心的穩定。拳論云：「滿身輕利頂頭懸。」除身形外，太極拳行功時亦要求「神宜內斂」，即面部神情要自然，不可目光如炬，嘴角用力。這樣才能使動作與神態相協調，達到神形兼養的效果。

2.含胸拔背

這裏所說的「含胸」其實是人站立時，胸部表現出的

一種自然姿態。肩鎖關節放鬆，兩肩微向前合。只要不挺胸（兩肩向後引）和向裏凹胸（兩肩用力前縮），就是「含胸」姿勢。含胸時胸部肌肉是放鬆的。有利於勁力的蓄發。其健身作用，是有助於膈肌的舒張和收縮運動，即所謂「氣沉丹田」的腹式呼吸。

「拔背」是在含胸的狀態下，放鬆肩背肌肉，使背部大椎穴有自然鼓起的一個姿勢（若挺胸，則背部就和兩肩成一平面狀態，肩背均緊張）。所以能含胸就能拔背，是一個姿勢的兩個方面。拔背有助於臂的前伸發力。

拳論云：「力由脊發。」含胸拔背並不是一個固定的姿勢，它是隨拳勢動作，而有所變化的。在行功和技擊中，它可使軀體上虛下實穩定重心。以發揮走化和放勁作用。拳論云：「緊要處全在胸中腰間運化。」挺胸則氣宜上湧，重心上浮根基不穩。

3.沉肩墜肘

肩是手臂的根節，因其結構是球窩型的，所以它是人體活動範圍最大，極其靈活的關節。能靈活固然是練拳之需，但過度靈活，如把肩向上聳起（寒肩狀），就會違反拳術運動的法則。沉肩是在人體活動中，所表現出來的正常狀態，其關鍵在於鬆肩，能鬆則能沉。行功時用意鬆開肩關節，久之就可獲得成效。墜肘是肘尖向下的意思，在沉肩在狀態下，肘微屈常取下垂之狀。墜肘在技擊上有「護肋」之意。拳諺云：「肘不離肋，肘不貼肋（腋下可容一拳）。」此意重在意念，待垂肘已成習慣，再去追求

其他技擊含義。

此外，沉肩墜肘有助於「含胸拔背」的形成，可提高肩部所有肌群勁力的發揮，使臂部能自然伸展，通透地傳導由腰腿傳來的勁力（緊則滯，勁力易被截留），能鬆則能沉，這是對沉肩的初步要求，在此基礎上還應練「沉著」的功夫，即在鬆沉的情況下，去體驗向上提臂時有一種沉甸甸的感覺，而不是輕飄飄的，這可謂是「沉著」，此功是提高敏感度的階梯。

4. 舒指凸掌

手型是拳勢中重要的表現形式。太極拳在技擊中，既不主張主動進攻，又不以力取勝，而是講究「引進落空」借力取勝的走化技術。所以在手法上多練輕靈敏感的聽勁功夫，故該拳在練法和運用中，用掌多於拳（一般有太極五捶之稱），因掌與指敏感度強，且靈活多變。其掌型應取自然之狀，即五指不故意張開與併攏，因這樣手指不易放鬆，有失輕靈的自然法度。但在行功中，掌的狀態和力度是隨虛實的變化，而有所改變的，即隨呼氣，手臂螺旋前推，在將要伸展（肘不可挺伸，以基本伸直為度）時，應坐腕舒指凸掌，表示勁力已達手指。行功有一定程度者，此時的手指掌心有熱脹之感（因人而異）。

此感是意、氣、形相結合的成果。中醫學認為：意到氣到，氣到血行。而武術界亦講究：意到氣到，氣到勁到。熱脹感就是氣血到手掌的表現。隨著功夫的增長，感覺亦比較明顯。但不可特意追求，因此感是行功能量的聚

集，同時亦在釋放著它。所以若有強感時，可適度控制舒指凸掌的程度，以免能量過多流失。當完成凸掌後，手掌隨即放鬆（微四），並隨吸氣而轉勢。

5. 鬆腰斂臀

脊椎是軀體的支柱，而腰處於人體重心之位，可謂是轉動之軸心。太極拳行功時的虛實轉換，均需在腰脊的主宰與轉動中，才能圓活無滯地完成。拳論云：「有不得機、不得勢處，身便散亂，其病必於腰腿求之。」而人站立時，腰的自然形態是有向前弓出的屈度，特別是在挺胸時更為明顯，這樣臀部就向後凸出。這一生理曲線會使腰肌的張力處於不平衡狀態（久站易疲勞），此外，腰軸不直，轉動既不靈又不穩。故行動時必須改變這一曲線。

其法是：屈膝下蹲，在意念的支配下，鬆開腰肌，使其微向後弓，臀部向下、向前收斂，這樣既豎直了腰脊，又放鬆了腰肌的緊張度。

「虛領頂勁，氣沉丹田」其意就在於拔長身姿，豎直腰脊。臀部收斂後，尾骨尖微向前移（因尾骨有一向內的弧度），正對身體前方。拳論稱：「尾閭中正神貫頂，滿身輕利頂頭懸。」（尾閭即指尾骨端）在行功轉勢中應始終保持這一勢態。

鬆腰斂臀的健身意義：在於能使腰肌放鬆，有益於腹式呼吸的鼓盪運動。其技擊意義：腰脊豎直轉動極為靈活，在貫通四肢的運動中，起著主宰作用。與胸胯配合，可使蓄發之功，收到較大效果。

吳式太極拳在做弓步時，上體微向前傾，也是為了清除這一生理曲線，身雖斜卻能保持腰脊的鬆竪，謂之「斜中寓直」，是該拳勢的突出之點。

6.屈膝鬆胯

腿的功能在於支撐和移動身體，膝是腿的中心關節，其上由股骨與胯相連，下由脛骨與踝相接。在腳不離地時，若屈膝，則胯與踝均屈。屈膝可使身體重心降低，這是身體穩定的重要條件。「屈」是一種蓄勢，拳論云「勁以曲蓄而有餘」，有蓄才能發，有蓄才能做到「步隨身換」。太極拳行功時，要求不斷變化虛實，且勢勢貫穿，其中兩腿的左伸右屈，右伸左屈對前進後退，左右移動的變化，起著主要的作用。在變勢中能維持重心的穩定，在起伏擺動時，能保證勁力的完整揮發。

胯關節是球窩型結構，是腿的根節，其運動性能本該是靈活的，但由於它支撐體重，周圍有強力的韌帶和豐厚的肌肉組織與骨盆相接（不易脫白）。故而大大地限制了它固有的屈伸回旋功能。但只要屈膝下蹲，胯必然折疊，其活動幅度會與膝的屈度相伴而行。

胯因靠近身體重心，在行功中其動作變化，對維持身體的穩定，能起到關鍵的作用。這裏提出「鬆胯」是在行功時經常用意念消除它的緊張度，此外，還需做一些武術的基本功，如：弓箭步、仆部壓腿和擺、踢腿的練習。練習既能增加肌肉韌帶的彈性和力量，又可加大關節活動的幅度。但要循序漸進，以免受傷。

7. 步走弧形

步是人們站立和行動時的根，在武術運動中，稱靜止狀態的步為「步型」，稱運動狀態的步為「步法」。拳諺云：「步不穩則拳亂，步不快則拳慢。」可見步在拳術運動中的作用。

太極拳行功時，要求步型規範，步法不可有明顯的停頓（初學者除外），應與拳式相協調，「隨屈就伸」地轉換，否則就不符合「尤需貫穿」「無使有斷續處」的行功法則。但在每一拳勢之終，應有明顯的步型隨之而轉變。

步法有：進步、退步、側步。步型有：弓步、虛步、仆步、馬步。拳論用「邁步如貓行」來形容步法，要求平穩和輕靈，方法是「弧形步」。進步如拳勢中的「摟膝拗步」；退步如拳勢中的「倒攆猴」；側步如拳勢中的「雲手」。弧形步的優點是移動腳在移動過程中，身體重心不偏離支撐腳所支撐的範圍。這樣移動腳可獲得隨時隨勢變化的機動性。移步時應鬆胯，如此可變換虛實，體現腰的主宰功能，以達「步隨身換，周身一家」的效果，使勁完整一氣地「形於手指」。

太極拳行功時，身體應該保持平穩，不可有起伏波動狀態（個別拳勢如：「下勢」「提手上勢」等除外）。拳論云：「無使有凸凹處。」起凸伏凹的不平穩，會影響聽勁的質量和發勁的效果。平穩的關鍵在於兩腿虛實轉換時，其下屈的高度不能改變，使身體重心始終保持在一個水平面上。初學時如此練習，感覺膝部酸痛，只要堅持一

段時間，不適感就會消失。

行動時步幅的大小，應取決於支撐腿下屈的高度，屈度大則步幅大，反之則小。步幅大雖勢穩，但行動不靈，步小雖靈，卻立勢不穩，待拳勢熟練後，以半蹲行功為宜，當然為增強腿部力量，深蹲練習，其效亦佳，但不可長此練習，以免損傷膝關節。

第三節　太極拳行功時應遵循的法則

1. 緩慢

這是太極拳從觀感上，給人以深刻而獨特的印象。緩慢在精神上不緊張，有放鬆的心態。動作不速徐徐而行，可使拳勢細緻入微。如此行功的依據是「以心行氣，務會沉著……以氣運身，務會順隧」（《拳論》）。拳勢既然與「氣沉丹田」的運氣相伴而行，那麼沉穩而徐徐地沉氣，必然制約著拳勢的速度。其優點在於：

（1）緩而沉的運氣，既可加大肺的通氣量，又可鎮定心態。動作不速，可使形體放鬆，能發揮機體自然之功能。如伸臂時，伸肌收縮，而屈肌放鬆；屈臂時，屈肌收縮而伸肌放鬆，互不牽制抗衡。如此長期行動，可使全身參加運動的肌肉群，該收縮時能協調一致的收縮，該放鬆時均不僵滯。並在大腦皮層中建立起勁力非常純淨的條件反射，從而可達到「極柔軟，然後極堅剛」的效果。

（2）在慢速行功中，拳勢的虛實變化，均可與心

意、氣息和諧一致，長此訓練可使心、氣、形、勁在拳勢運行路線的每一點上（線是由無數個點連接而成的），均能在皮層中留下深刻的印跡，並建立起牢固的條件反射，使運動感受神經與大腦建立起直接的聯繫，從而對拳勢的變化做出迅速的反映，逐步達到「勁急則急應，勁緩則緩隨」的效果。

對於初學者來說，則應刻意求慢（不宜與呼吸配合），一方面從思想上練就沉穩行功的素養，另一方面慢則細緻，可使拳術動作與架勢做到「招圓勢正」的規範程度。即使如此，在實際練習中，仍會出現越練越快的現象，拳諺云：「拳練千遍身法自然。」只有在訓練中不斷的克服這種現象，才能逐步形成緩慢行動的素養。並為以後配合勻慢深長的呼吸奠定基礎。

2. 輕靈

輕是一個力度問題，也是太極拳從感官上給人深刻印象的另一個特點。拳論云：「一舉動，周身俱要輕靈。」輕者用力不猛，在行功時，首先應在心理上打消練拳需用力的概念。其次在形體上要放鬆肌肉，鬆開關節，在不鼓勁的狀態下行功（或推手），便有輕的感覺。如手臂，先應鬆開肩部的肌肉，使肩關節有向下鬆沉的感覺。帶著這種感覺練習，拳勢中所產生的力就不僵硬。輕不是軟，軟無撐之力，沒有彈性，無黏隨變化之能。

行功中在「輕」的基礎上，可根據拳勢技擊的含義，再進行力的適度調配。隨著功力的增長，力度雖有變化而

輕靈的敏感度亦不會消失。先輩拳師指出：「輕則靈，靈則動，動則變，變則化。」（據傳楊健侯語）可見輕靈能提高神經的敏感度，是聽勁功夫的基礎。放鬆狀態下的行功素養，乃非一蹴而就之功。

在訓練過程中（尤其是初學期），並非能將鬆勁狀態，從始保持至終，往往起初鬆，越練越緊，故需經常用「輕靈」的意念檢查、調整。以便逐步消除「遲重之虞」，並在大腦皮層中建立起「輕靈」的條件反射。獲得相應的沾、連、黏、隨的聽勁功夫。

3. 協 調

拳論云：「其根在腳，發於腿，主宰於腰，形於手指。由腳而腿而腰，總須完整一氣。」這是太極拳對於身形的協調要求。欲得「完整一氣」須在意念的主導下，將腰的轉動與肢體的動作，完美地配合在一起，而拳勢應遵循技擊的法則，只有做到拳勢與技藝、勁力和諧配合，才可稱謂「招圓勢正」的形體協調功夫。

「招圓」是指拳術的招法，在符合技擊法則的基礎上，應做的圓活、協調。「勢正」即要求動作的架勢（身姿、步型）要規範，且有美的姿態。拳論「以心行氣，務令沉著」，「以氣運身，務令順遂」的心，氣和形的和諧一致，可謂是身形內外的協調功夫。身形在意識的主導和氣息的配合下，進行著「一動無有不動」地運動。訓練有素者身形可獲「氣遍全身」的效果。意氣與身形所產生的勁，既可隱於內，也可便利從心地顯於外，故而被稱為

「內勁」。欲達此功，還續長期循法訓練，並在大腦皮層中建立起穩定的條件反射才能獲得。

4. 連貫

拳論云：「一舉動，周身俱要輕靈，尤需貫串。」「無令絲毫間斷耳」。貫串即連貫，這也是太極拳與其他拳種不同的特點。

一是指在每一個拳勢中，身體各部筋骨的屈伸運動，要緊密相連，不能斷續。要做到「由腳而腿而腰，形於手指」。即從伸腿用腳蹬地，獲得地面的反作用力，開始力的傳遞。在傳遞中，又相繼增加了腰、臂、手的力量，如此完整一氣，無間斷地節節貫穿的伸展運動，必然會加大最初的反作用力，而成為加速運動。

其次是指，拳勢與拳勢間的銜接。前一勢的結束，就是後一勢的開始，中間不能有斷續之處，且因拳勢的不同，銜接動作，就成為技擊隨時隨勢靈便的樞紐。為此習者應從拳勢技擊含義的需求中，調動和發揮周身關節的靈轉度，在腰的主宰下，使其隨勢和諧地發揮其功能。諸多關節綜合協同運轉，活如「萬向之輪」，豈能有遇阻而不靈便之理？能靈便才能連貫。

5. 螺旋勁

不同的拳種所運用的手法不盡相同，太極拳講究「勁走螺旋」。螺者曲線也，旋者轉動也。螺旋說明太極拳的動作不是直線形的，而是由大小不同和有形無形的弧圈構

成的伸縮運動，這一特點是它行功走架時，完成勢勢貫穿要求的階梯。貫穿是技擊的需求，在拳術運用中，攻防虛實變幻莫測，若不能黏隨應變，必有丟頂，為人所制。故在練架中，應深悟拳勢攻防之技，並用弧圈抹去動作轉招換勢的痕跡，使所有拳勢都能「隨屈就伸」地相連轉換。

拳勢轉換的圓活，則勁力才能轉變的無痕，如此便能取得化打結合的優勢。形體的螺旋伸縮，更能使對手抓不住著力之點，順旋轉切點方向滑脫，故可收到「四兩撥千斤」的效果。

從健身角度看，螺旋伸屈運動，更符合形體的生理特點。形體的筋骨（特別是四肢），既有屈伸的功能，也有旋內旋外的功能。所以屈伸增加旋轉，更能全面發揮其自然生理的潛能，從而也使它們能獲得更全面的鍛鍊機會。

第四節　太極拳如何調息

呼吸是與生俱來的生理機能，它隨生命而來，亦隨生命而去。俗語說：「人活一口氣。」拳諺亦云：「內練一口氣，外練筋骨皮。」可見呼吸的重要意義。

呼吸在生理上表現為胸式呼吸和腹式呼吸，其實除嬰兒外，一般成年人均為混合型呼吸（即自然呼吸），而單純的胸式和腹式呼吸，只是在意識的支配下，有所側重而已。腹式呼吸又分為腹式順呼吸和腹式逆呼吸，這種呼吸主要是以膈肌運動來實現。

傳統武術所採用的「吐納術」，實際就是腹式逆呼吸

法。拳論云：「以心行氣，務令沉著，以氣運身，務令順遂。」從武術意、氣、形、勁統一的理念來看，太極拳採用此呼吸法，更符合拳術的傳統法則。其運氣方法是在心態平和、形體放鬆的狀態下，有意識地做勻細深長的吸氣，使臍下腹部微微內斂（此時膈肌上提，臍上腹部微凸），然後再徐徐呼氣，使臍下腹部微凸，且有充實感（此時膈肌下降，臍上腹部微收）。臍下腹部的一收一凸，可謂「氣宜鼓盪」的「氣沉丹田」運動（丹田指臍下腹內處）。腹式順呼吸的鼓盪方法與此相反。

氣沉丹田的腹式呼吸，有較大的健身價值。首先膈肌上下運動，可擴大胸腔的容積。實踐證明，在平靜狀態下，正常人胸式呼吸一次約5秒鐘，吸入500毫升空氣。在同樣的狀態下，腹式呼吸一次15秒鐘，能吸入1000～1500毫升空氣。可見腹式呼吸能最大限度地增加肺組織的氣體交換量（吸入氧氣，排出二氧化碳）。此外，膈肌的升降，可對腹腔內的臟腑器官（如肝、脾、胃、腸等）起到按摩作用，促進他們的機能代謝活動，同時也使胸腹兩腔的內壓不斷變化，促進胸腔靜脈血液的回流量，增加了循環機能，從而減輕心臟的負擔。因此，從氣體交換的效率來看，深而慢的呼吸比淺而快的呼吸更有效。

運動實踐證明，呼吸頻率高，則深度淺，往往是造成氧氣供應不足的重要原因之一。從拳技的角度講，該呼吸法在呼氣時重心降低，可加大拳勢的反作用力，與「其根在腳，發於腿，主宰於腰，形於手指」的拳理法規相一致，體現了氣與力合的作用，故被稱為「拳式呼吸法」。

武術中所談的氣，廣義地講還有體內流動著的能量，拳論云：「行氣如九曲珠，無處不到」「氣遍身軀不稍滯」。食物經脾胃消化，其精微物質進入血液，流入身體各部位（包括臟腑），再與進入血液中的氧分子結合（氣化或氧化），成為身體可吸收的能量，並產生機能。這氣化可稱為「內呼吸」。

中醫學者認為：「諸氣者，皆屬肺。」拳論亦稱：「氣以直養而無害。」上述人體能量代謝過程說明，為何練太極拳要特別重視調息吐納的原因。

「以氣運身，務令順遂」是指肢體的運動，應順遂在意識支配下的呼吸，而有序的伸縮。其所遵循的法則是：起吸落呼、虛吸實呼。即拳勢由下向上時，吸氣；拳勢由實轉虛時，呼。此時的意念應專注在呼吸與拳勢的配合上，以便形成氣與力合的條件反射。

拳勢的速度應遵循呼吸，氣息長拳勢可慢一些，氣息短拳勢可快一些。隨著呼吸勻細深長的程度，而逐步調整拳勢的速度。訓練有素者，在行動時，形體微汗，手掌有脹熱之感，這可說是「意到氣亦到，氣到則力生」的內氣運轉表現。此現象因人而異，不可刻意追求，因它是由能量轉化成的機能，如感覺強烈時，突掌動作可收斂一些，以免能量外泄。

由自然呼吸向腹式逆呼吸過渡，需經過一個較長的練習過程。為了能在拳術熟練後，與呼吸順暢而協調的配合，所以在學太極拳之初，便可同步練習此呼吸法，不過只把它當作與拳術無關的另一種養氣健身法，絕不可過早

地與拳勢結合。只有習慣了這種呼吸法，而拳勢動作也熟練了，再逐步地將它們配合起來。此外，腹部鼓盪程度，應順其自然、循序漸進地加強，不可急於求成，以免產生流弊。練習時心意應專注，運氣才能勻細深長、從容穩定，逐步達到「氣沉丹田」的效果。

氣與形的配合，應採取下列步驟：

1. 在單個拳勢中進行配合，如兩臂徐徐上舉，吸氣；兩臂下落，徐徐呼氣。選擇拳術中，有周期性的單個動作，如「摟膝拗步」「倒攆猴」「野馬分鬃」等，進行虛吸實呼的配合練習。

具體方法是：以「摟膝拗步」弓步前推之實勢（如套路圖 13）為預備式，由此勢運行到虛勢（如套路圖 14）時，同時隨動作吸氣；再由虛勢運行到實勢時，隨動作呼氣，如此重復不已，配合應以氣為主。

2. 氣與形在諸多單個拳勢配合的基礎上，便可在練習套路時，有意識地逐步將呼吸加入其內。因套路中動作的虛實變化長短不一，所以很難要求將勻細深長的呼吸與所有拳勢通暢地配合起來，為此還需將呼吸的節奏依據拳勢的長短進行調整。如將呼吸的深長度調整的短一些，一時調整不好，可用自然呼吸代替（若出現憋氣，可張嘴呼氣）。長此練習，不斷調整，便可逐步擴大氣與形在套路中配合範圍，終將可達「以氣運身，務令順遂」之自然法度。

當「以氣運身」基本形成氣與力合的條件反射後，在行動時，意念應從「以氣運身」逐步轉向「勢勢存心揆用意」的拳技上，讓氣息自然順遂拳勢的虛實去變化。如此

既能靈活肢體，又可提高「揆用意」的能力。除套路練習外，還應多做一些散手動作（簡單而常用的攻防組合），目的在於提高氣隨勢變的熟練程度。除遵循前述法則外，還應訓練調控氣息的吐納速度，如短吸短呼，以便適應「動急則急應」「能呼吸然後能靈活」的技擊需求。

因為練太極拳用慣了腹式逆呼吸法，因此在我的生活中，除工作、學習時不經意地用自然呼吸外，都習慣用逆式呼吸法。一次偶然間發現自己的脈搏跳得很快，經醫生檢查心臟沒有問題。我突然意識到，是否與逆式呼吸有關？於是用腹式順呼吸調整之，脈搏跳動趨於穩定。有幾次心肌疼痛，以為是心肌缺血，試做幾次逆呼吸後，症狀消除了。這些經歷使我意識到，逆式呼吸的確有增強循環機能的作用。之後，筆者除練拳外，順式呼吸和逆式呼吸都練習，以平衡體內的氣血正常運轉。這是經驗之談僅供參考。

第五節　太極拳動作圖解

動作名稱

1. 起勢
2. 攬雀尾
3. 摟膝拗步
4. 手揮琵琶
5. 搬攔捶
6. 如封似閉
7. 抱虎歸山
8. 十字手
9. 斜摟膝拗步
10. 轉身摟膝拗步
11. 攬雀尾
12. 單鞭

13. 肘底看捶　　　　　　14. 倒攆猴（左右左）

15. 斜飛勢　　　　　　　16. 提手上勢

17. 白鶴亮翅　　　　　　18. 左摟膝拗步

19. 海底針　　　　　　　20. 閃通臂

21. 撇身捶　　　　　　　22. 退步搬攔捶

23. 上步攬雀尾　　　　　24. 雲手（3次）

25. 單鞭　　　　　　　　26. 左高探馬

27. 右分腳　　　　　　　28. 右高探馬

29. 左分腳　　　　　　　30. 轉身蹬腳

31. 左摟膝拗步　　　　　32. 踹腳

33. 進步栽捶　　　　　　34. 翻身撇身捶

35. 上步高探馬　　　　　36. 拍腳

37. 退步打虎勢（左右）　38. 雙峰貫耳

39. 轉身右蹬腳　　　　　40. 右下勢

41. 野馬分鬃（左右）　　42. 四角穿梭

43. 攬雀尾　　　　　　　44. 雲手（3次）

45. 單鞭　　　　　　　　46. 金雞獨立（左右）

47. 拍面掌　　　　　　　48. 轉身十字擺蓮

49. 右摟膝拗步　　　　　50. 摟膝指襠捶

51. 上步攬雀尾　　　　　52. 單鞭

53. 左下勢　　　　　　　54. 上步七星

55. 退步跨虎　　　　　　56. 轉身拍面掌

57. 轉身雙擺蓮　　　　　58. 彎弓射虎

59. 左攬雀尾　　　　　　60. 雲手（3次）

61. 單鞭　　　　　　　　62. 收勢

太極拳圖解

1.起 勢

【**動作一**】身體自然直立（面向南），兩臂鬆垂於體側，中指尖貼近大腿；兩腳平行開立，與肩同寬，腳尖向前，頭正直眼平視。（如圖1）

此式在形體上並無任何動作，只要求在站式中調整好身體各部位的勢態，如：虛領頂頸、含胸拔背、沉肩墜肘等，使身體呈現出一個合乎練拳的狀態，同時在心態上和氣息上也要進行調整，即排除雜念，意識集中，呼吸均勻自然，這可說是無動之動，故稱之為「無極式」，或稱預備式。

在此狀態下開始行功，才能達到拳論中「一舉動周身俱要輕靈」的要求。為此許多練者，往往在此式中，站的時間較長。切不可在倉促中一站即練，因未經調整的機體，不能進入狀態，故達不到最佳的練習效果。

圖1

【**動作二**】兩腿徐徐下蹲，將重心逐漸移在右腿上，左腳向前伸出，腳跟著地成左虛步。同時屈兩臂，將兩手上提至胸兩側（右手略高），手腕下屈手指向下。接著左手手心向裏成側立掌（虎口向上）向體前上舉（上掤），小臂平屈於胸前，右手手腕上翹，手心向前，手指向上，向

圖2　　　　　　　　圖3

體前推擠（肘尖下垂）。從而使兩手手心相對，在胸前合攏。頭正頸豎，眼向前平視。（如圖2、3）

【要求】兩臂合攏時，肘關節的屈度要大於90°，兩手的上提與合攏要連貫，並與下蹲上步協調一致。

【技擊含義】如敵從正面用右拳或掌擊我胸部，我用右手拿壓其腕，左手臂上掤其臂（靠近肘關節），以封錯其肘關節，隨即可向前推擠，亦可向右旋扭捌轉。如敵用左手進擊，則用相反的手勢掤壓，如此還擊謂之「走外門」可限制其另一手的連續攻擊。

2. 攬雀尾

【動作一】左腳尖內扣踏實，體向右轉90°（面向西），屈左腿移重心於左腿，收右腳向右前方邁出，腳跟著地成右虛步。同時右手隨轉體之勢成立掌向體前伸出，食指與鼻尖相對，左手順勢扶於右臂內側，隨右手而動。

圖4

頭正頸豎，眼隨右手而視。（如圖4）

【動作二】體微左轉（面向西南），同時右手外旋為仰掌，並微屈肘內收，使右肘靠近右肋，左手仍扶右臂隨勢而動。接著，伸左腿屈右膝成右弓步，同時右手（手心向上）向前上（西南）伸臂前擠，手與肩同高，上體微前傾，左手隨勢而動，眼視右手。（如圖5、6）

【動作三】上體徐徐右轉，兩手架勢不變，隨轉體向右平移，轉至右前方（西北）時，屈左腿，體向後坐，右腿伸直，腳尖上翹成右虛步。同時右臂微內旋屈肘，將右手收至右肩前成立掌。接著，右腳尖內扣，體向左轉（面向西南），並伸左腿屈右膝成右弓步。右手順勢向前（西

圖5

圖6

圖7　　　　　　　　　　圖8

圖9

南）推按，在前推中臂微內旋，並坐腕凸掌，左手隨勢而動，眼隨右手而視。（如圖7、8、9）

【要求】弓步前伸臂時，上體微向前傾（即斜中寓直），臂的前伸或推掌，肘部不可挺直，以符合「似鬆非鬆，將展未展」的要義。手臂與腿胯的扭轉、屈伸須與腰的旋轉相協調，以體現「主宰於腰」的要義。

【技擊含義】攬雀尾是由「掤、攦、擠、按」四種用法（也可說是四種勁力）而組成。在該式中的圖4謂之「掤式」。即敵向我胸、面直擊，我首先應出此手法迎擊抗衡，抗衡之勁力不可小於彼，即可謂「彼有力我也有

力，我力在先；彼無力我也無力，我意在先」。只有在此
情況下，才能將彼黏住，之後我可根據敵之變化而應變，
若敵硬抗，我可攦之，「攦（捋）」是引進轉化之法，如
敵以右手擊我，我用右手迎擊。

攦法可在「四角穿梭」式中講述，這裏講的是敵以左
手擊我，我用右手從敵臂之外側迎擊，其時，順敵進擊之
勢，我旋臂含胸轉腰（圖5），將敵勁走化，在走化中我
仍保持相應的勁力，否則不能使其攻勢偏離方向而落空。
敵攻勢既落空，我隨即在黏著點上用前臂加力前擠（圖
6），這種力量由腿、腰、脊和臂所組成的合力，其勁勢
甚強，可發得人出。

式中圖8、9為「按法」，掌向前或向下用力均稱為
「按」。若敵向我面部衝拳、擊掌，我可用前臂由下向
上，從敵臂的內側或外側順勢掛撥（此動應與轉腰坐身相
配合，更為省力且為還擊準備了蓄勢），以分解其力，並
在另一手臂的協同下，將敵臂控制，或向外拿捌（敵用右
手進擊，我在掛撥時抓握其腕，並向外旋擰，左手按壓其
肘），或向內按擊（本式為後者），即敵用左手進擊，我
掛撥時，左手拿其手腕並向外旋擰，右手擊按其肘。

技擊實質上就是有效而靈巧的，攻與防的動作。前輩
們為把它保存和傳遞給後人，便把這些簡樸的技法，結合
人體的運動規律擴展放大，並與健身之法有機而巧妙地結
合在一起，編成了連貫圓活的成套動作，即所謂的「武術
套路」。套路中的技法內容，有的一目了然，而其精妙處
則往往深藏不露，非探悟難以得手。所以「武術套路」

（包括太極拳）不僅是我國傳統的健身方法，更是中華武術技擊文化的「武庫」，有志者可從中尋覓出奇招妙法。

但「勢勢存心揆用意，得來不覺費功夫」，就是說這些招法不是從武庫中提出來就能運用，而需心領神會，並將它練到形、氣、神俱合，和心能忘手的程度，才能成為自己得心應手的招法，才能在實際中運用。筆者所寫的「技擊含義」只是拋磚引玉之舉，目的是讓志者進一步去研究和揭示它的精髓，以弘揚中華武術文化博大精深的內涵。此外，也是為了使練者能準確地掌握拳式動作。

3.摟膝拗步

【動作一】右腳尖內扣，重心仍在右腿。上體徐徐左轉，左腳向左前方（東北）移動，腳跟著地成左虛步。同時，左手臂內旋在體前向下向左垂臂弧形摟撥，右手臂外旋屈肘成側掌（手心向裏）收置於右頰旁。繼而，左手隨上體左轉，繼續向左，經兩膝前向左摟撥，至左腿外側，同時伸右腿屈左膝，緩慢地由左虛步變成左弓步，右手隨轉身與弓步之勢，向前推擊。在前推中，手臂內旋成俯掌（手心向下），至臂將伸展時，手腕上翹（坐腕）並凸掌吐勁，左手亦同時凸掌（手心向下）。頭正，目視右手。（如圖10、11）

【動作二】上體順前推之勢繼續左轉，右手臂外旋。手腕伸直，手心內含，並隨轉身向左前下撥，至左前方。右手腕亦伸直，外旋屈肘上提成側掌，收置左頰旁。同時重心前移至左腿，提右腳向右前邁步，腳跟著地成右虛

圖10   圖11

步。接著，體向右轉，伸左腿屈右膝成右弓步，同時右手順勢向下向右經兩膝前弧形摟撥，至右腿外側。左手亦徐徐前推，在前推中，由側掌內旋成俯掌，至臂將伸展時，坐腕凸掌，右手亦同時凸掌。頭正，目視左手。（如圖12、13）

【動作三】同動作二，唯左右相反。（如圖14、15）

【要求】手臂的摟撥、前推應與旋臂、步法和轉體協調一致。手臂前推以自然伸直為度，並保持沉肩墜肘的勢態，不可挺直肘關節，以掌握「將展未展」的量度，便於回旋。坐腕凸掌表示勁力到達之意，即「其根在腳，發於腿，主宰於腰，形於手指」，但不可刻意加力。步法的轉換實質上是虛與實的轉換，必須與腰脊的轉動相配合。

【技擊含義】

　①若敵用手或腿法進攻，我可用手摟撥，使其勁路被截或挪位，同時進步推按還擊之。

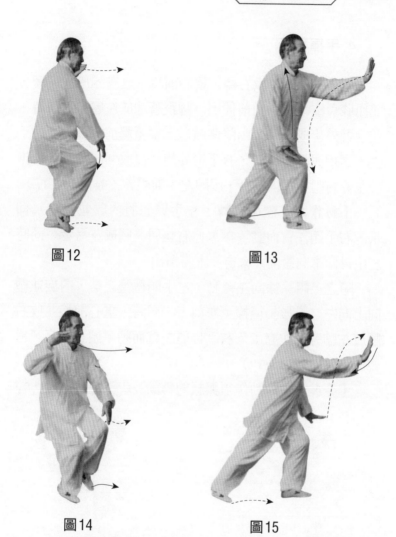

圖12　　　　　　　　　　圖13

圖14　　　　　　　　　　圖15

② 若敵用右手或雙手握我右手臂向內擰旋拿捌，我可順其勢，向下亦向內旋臂牽引化解其力，並趁勢推按還擊之。

③ 此式的步法可進可退，退則為「倒攆猴」式。

4. 手揮琵琶

【動作一】體微右轉，重心前移，收右腳於左腳旁，並屈膝負重，左腳向前伸出，腳跟著地成左虛步。同時，左手臂外旋成側掌，由腿側弧形上舉至體前，臂微屈肘下墜，食指與鼻尖相對，右手臂外旋屈肘收回成側掌，合抱於左臂內側。頭正身直，眼順左手前視。（如圖16、17）

【動作二】體微右轉，左手臂屈肘內收並外旋為仰掌，右手隨左臂而動。接著伸右腿屈左膝成左弓步，同時左手以仰掌向體前（東南）上方擠出。

隨之上體徐徐向左轉動，左手順轉體之勢，內旋並循向上向左之弧形，橫撥至左前方。同時，重心前移並收右腳於左腳旁成並立步。右手仍隨左臂而動。頭正身直，目視前方。（如圖18、19）

【要求】手的動作須與腰的轉動及步法協調一致，左

圖16

圖17

圖18

圖19

手的弧線不可高過頭頂，並步時兩膝不可伸直，兩腳間要保持一腳之距。

【技擊含義】若敵用右手向我胸面攻擊，我右臂微屈，用右手自下向上黏握其腕，左手上取其肘，兩手合力，微收以卸其力，並配以腰脊右旋之勁，給以捌撑，使其肘部受挫。此時敵若回抽，我順勢兩手合力向右前推送，隨之又向左搬撥，可使其在失重中順勢跌出。（手的推送、搬撥要配腰脊之力。步法的移動應隨勢而行，不可拘泥於套路）

5. 搬攔捶

【動作一】體微右轉，重心移於右腿，左腳向左前方邁出一步，成左虛步，同時兩手順勢向右下方攔挒。接著，重心前移，屈左膝成左弓步，同時兩手向右前（東南）平伸，並向左搬撥至體前方（東），頭正，體微前傾，目視前方。（如圖20、21）

圖20　　　　　　　圖21

圖22　　　　　　　圖23

　　【動作二】重心後移，坐身成左虛步，同時右手握拳收拉至右腰側，左臂微屈，手上舉於體前。接著，重心前移成左弓步，同時右拳徐徐向前平擊，左手收附於右臂內側，目視右拳前方。（如圖22、23）

【要求】兩手的搬攔與腰的轉動要協調一致。右拳的收、擊與步法要協調一致。

【技擊含義】如敵以左手進擊，我用右手向左搬捋，敵又出右手攻擊，我用左手向右攔捋，隨出右拳還擊之。右搬左捋，要與轉腰步法協調。

6. 如封似閉

【動作一】重心後移，屈右膝身向後坐，左腳尖上翹成左虛步。同時右臂外旋變右拳為仰掌，屈肘收回，左手外旋從右肘下穿出，並沿右小臂外側向前挪撥，使兩手在面前呈現交叉。隨即沉肘，兩手向兩肩前成立掌（手心向裏）收回。目視前方。（如圖24、25）

【動作二】兩手臂內旋，並向前平伸推出，在臂將伸直時，坐腕凸掌。同時重心前移，伸右腿屈左膝成左弓

圖24

圖25

圖26

步，目視前方。（如圖26）

【要求】兩手的收回與推出，應與步法變化相一致。

【技擊含義】

① 如敵用右手抓我右臂，我左手從右臂下穿出，擠推或翻手抓握其腕。右臂抽回，以解其力，然後兩手推按還擊之。

② 如敵雙手推按我胸，我雙手由下向上向後分而捋之，使其攻擊落空，隨即翻手推按之。

③ 如敵雙手推按我胸，我雙臂從內黏著其臂，隨即左轉腰脊，右臂內旋向前按其胸，左手亦內旋向左後捋其右臂，使其身體扭轉而失去重心。

7. 抱虎歸山

【動作一】兩手腕平伸為俯掌，同時沉臂下按至左膝兩側，在下按過程中手腕逐漸上翹。同時右腳稍向後移，步型不變，目視前方。（如圖27）

【動作二】體向右轉90°，右腳跟內收（腳尖向南）並屈右膝，左腿伸直腳跟外轉成右弓步（順式步）。同時右手經腹前向右拉捋，過右髖後手臂外旋向上掤舉，左手臂亦外旋在體側向上掤舉（手心向前），目視右手。（如圖28）

【要求】沉臂與身體重心向下、後移及手臂的拉捋與

圖27　　　　　　　　　　圖28

轉體要協調。

【技擊含義】如敵雙手猛力推我，我擄
掠其臂向下捋採，以卸其力。彼若趁勢靠
擊，我轉體同時兩臂左右分而捋、掤，使
其身體扭轉失重。

8. 十字手

【動作】兩手臂繼續向上掤舉，至肩上
方時，手臂外旋（手心向裏），在頭前上
方交叉（右手在外），並屈肘下沉至胸

圖29

前。同時收左腳至右腳旁（兩腳同肩寬），兩腿瞬時伸直
後，隨沉肘而屈膝下蹲，眼順手前視。（如圖29）

【要求】手臂的上掤與步法要協調。

【技擊含義】如敵從身後將我身臂抱住，我在蹲身的
同時兩臂側舉上掤，將其臂向上扶起，以解其危（必要時
用手先擊其襠），隨即兩手在胸前交叉相合，分別扣壓其

手臂，以備反擊之。

9.斜摟膝步

【動作】體微左轉，重心移至右腿，左腳向左前方（東南）伸出，腳跟著地成左虛步。同時右手微內旋向下向右弧形提拉至右肩前，左手內旋在體前向左向下，直臂弧形摟撥，至左腿外側。接著，伸右腿屈左膝成左弓步，右手順勢徐徐前（東南）推，在前推中手臂內旋並翹腕（掌心向前），當臂將伸直時兩手微微凸掌，目視右手。（如圖30、31）

【要求】手的摟撥、前推與弓步要協調。

【技擊含義】

① 同第三式。

② （接上式）左腳向左前方邁出，成左弓步，同時左手握彼右腕，向下拉壓。騰出右手，用右肘向後戳其胸

圖30

圖31

肋，或用手擊其下禢，在其驚閉時，我趁勢向左前彎腰，將其背摔於體前。

10. 轉向摟膝拗步

【動作】左腳以腳跟為軸，腳尖儘量內扣，重心仍在左腿，體向右轉180°（面向西北），提右腳向右前方移動，腳跟著地成右虛步。同時右手臂外旋，手腕平伸向下向右，隨轉體

圖32

向右腿外側摟撥，左手亦外旋屈肘上提至左肩前成側掌（手心向內）。接著，伸左腿屈右膝成右弓步，左手順勢徐徐前（西北）推，在前推中手臂內旋，並翹腕成立掌，當臂將直時，兩手微微凸掌，目視左手。（如圖32）

【要求】摟撥與轉身相協調。

【技擊含義】

① 敵以右手猛力推擊我身，我用右手擄掠其腕，向右後轉體，並向下向後将採之，使其向前傾。同時左手扶搬其肩臂以助力（防彼肘擊肩靠），如此可使其向轉身方向跌出。

② 同摟膝拗步。

11. 攬雀尾

【動作一】重心後移於左腿，右腳尖上翹成右虛步。同時右手外旋上舉於體前，食指高與鼻齊，臂微屈肘下

圖33

沉，左手外旋收附於右腕處，目視右手（如圖33）。

以下動作同第二式「攬雀尾」，唯方向由面向正西改為面向西北。（如圖34、35、36）

12. 單鞭

【動作一】以右腳掌為軸，腳跟稍向外轉（腳尖向西南），重心仍在右腿，左腳稍向外移。同時，右手腕下屈，手指捏攏成鈎手。左手臂外旋，手心向內，手指向上。接著，體向左轉，重心徐徐移向左腿，左膝漸屈成馬步。同時左手經面前隨轉身之勢向左移動，在移動中，手臂逐漸內旋，至左前方時掌心轉向外，並微微凸掌，眼隨左手向前平視。（如圖37）

圖34　　　　圖35　　　　圖36

圖37　　　　　　　　　圖38

【要求】左手的移動，重心的轉移與轉腰應協調一致。

13.肘底看捶

【動作】左腳跟內收（腳尖向東），重心移於左腿，體向左轉135°（面向東），右腳順勢向西南方移動（使移動後的三個足跡呈等邊三角形），成左弓步。同時右鈎手變為俯掌，左手亦成俯掌，並隨轉身之勢向左平擺，至右手向東，左手向北。隨即身向後坐，左腳稍收回，腳跟著地成左虛步。同時右手握拳並外旋（成立拳），屈肘收至左胸前，左手亦握拳收抱至腰間，隨即向前上方打出，拳心向內，肘置於右拳之上。目視左拳前方。（如圖38、39、40）

【要求】兩臂的移動與轉身要協調，右腳移動的幅度應稍大，足跡保持等邊三角形。

圖39   圖40

【技擊含義】

①敵用右手進擊我胸，我左手拿将之，並向左轉體引拉。同時右腳速向右前移動以拌其腳而摔之。右手握拳，側擊其胸肋。

②敵用左手擊我胸，我左手擄掠其腕，右手扶其肘，扭捌，並左轉身将摔之。

③敵擊我胸，我右手拿按之，左拳向上擊其下頜。

14. 倒攆猴

【動作一】重心前移，變左虛步為左弓步，同時左拳變掌微伸前擠。隨即，身向後坐為左虛步，左手臂內旋變仰掌為側掌，並收至左肩前。鬆右拳為掌，並在體前左下擺撥。接著，提左腳向左後方退步成右弓步，同時左手臂邊內旋邊向前推伸，臂將伸直時坐腕凸掌，右手擺過右膝亦坐腕凸掌。目視左手前方。（如圖41、42、43）

圖41

圖42

圖43

【動作二】重心後移變右弓步為虛步，同時左手臂外旋伸腕，並向右向下向左，在體前弧形摟撥，右手外旋屈臂上提至右肩前，手心向內成側掌。接著，提右腳向右後方退步成左弓步，同時右手臂邊內旋邊向前推伸，至臂將伸直時，坐腕凸掌，左手摟過左膝後亦坐腕凸掌。（如圖

圖44

圖45

圖46

44、45）

【動作三】同動作二（唯方向相反）。（如圖42、46）

【要求】同摟膝拗步。

【技擊含義】

① 與摟膝拗步用法有相同之點，只是用於敵進攻較猛，力度較大時，採用退步方式，使敵有「進之則愈長」的感覺。

② 敵攻擊較猛，我抓其碗，順勢向下将採，此動應與身法步法相配合，並出另一手擊其面。

15. 斜飛勢

【動作】重心後移，上體右轉45°，變右弓步為虛步，

腳尖外轉（向南）。

　　同時左手臂外旋，手為仰掌並屈肘略收，右臂微屈，將右手上提至右膝前，仍為俯掌。接著，屈右膝重心前移，提左腳向左側（正東）跨出一步（腳尖向東南），身體繼續右轉45°（面向南），並伸右腿屈左膝，成左順式步。同時左手臂順勢向左斜前方伸靠，右手向右斜下方按将。目視右手。（如圖47、48）

　　【要求】兩臂不硬挺，伸靠動作應與身、步法協調一致。

　　【技擊含義】敵用右手進擊，我用右手擄其腕，左手将其肘而捌之。彼失重欲撤，我順勢上步，黏隨而靠擊之，使敵有「退之則愈促」的感覺。故在黏隨運用時，應在意念中有「勁急則急應、勁緩則緩隨」的理念，且在靠擊中掌握「無過不及」的量度。

圖47

圖48

16.提手上勢

【動作】重心移於左腿，收右腳經左腿內側，向前（南）伸出，腳跟著地成右虛步。同時左肘屈沉，左手成立掌（掌心向前）收置於胸前，右手外旋經腹前，屈肘成側立掌（掌心向裏）上舉至胸前，使兩手手心相對，右手在前。

接著，重心前移成右弓步，收左腳至右腳旁（兩腳與肩同寬）成併立步。同時兩手手型不變順勢向前推擠。繼而，兩腿徐徐伸直起立，同時右手內旋，掌變鉤（鉤尖向下）上提，至下頜時鉤變掌，繼續內旋順勢翻掌上托，至頭頂前上方，左手下按至腹前，手心向下。頭正身直，目視前方。（如圖49、50、51、52）

【要求】右腳的移動，須靠近左腿後再向前邁出，否則會造成因重心不穩而斜身的弊病。左腳移動亦應先靠後

圖49　　　　圖50　　　　圖51　　　　圖52

分。

【技擊含義】

① 敵用左（或右）手擊我胸部，我左手抓按其手腕，右手上掤其肘關節，以封錯其臂，並向前推而拋擲。

② 在封錯時，彼欲撤逃，我跟進，左手拿而按之，右手撮鈎，上提擊其下頜，或翻掌上托其頜，擊其面。

17. 白鶴亮翅

【動作】兩膝微屈，上體微向左轉，並彎腰向左前傾。同時右手外旋，經面前向左斜下方插伸（手指向下），左手臂外旋，向左腿外側下擺（此時兩手心相對）。繼而，伸腰展體且徐徐向右轉身（面向南），同時兩臂順勢從左後方（東北）向上向右掤扶，在掤扶中左手外旋手向上托，右手內旋向右上提拉。當兩手移至兩肩前上方時，手心相對，手指向上。同時兩腿屈膝下蹲，目視前方。（如圖53、54、55）

圖53

圖54

圖55

【要求】手的插伸、下擺掤扶，應與手臂的旋轉相結合，並與腰的轉動協調，以體現勁走螺旋的法則。

【技擊含義】

① 解脫法：若敵從身後將我的脖子摟住時，我可用右手抓住其摟脖之臂用力下拉，左手向下向後猛擊其襠，在其受擊驚縮時，上體向左前傾俯（必要時左腳向左前邁步，左手要從身後托其左腿），如此可將彼摔跌體前。

② 以拿克拿法：若敵用右手把我的右手握住，並外旋擰轉，企圖扭拿。我順其勢右轉腰身，右手臂隨勁內旋，並向上向後掤提，左手托其肘以助掤提之力。當彼右臂基本被拉直時。我右手臂突然外旋，用手反擒其手掌，並下壓（使其手腕上翹），同時左手用力上托，如此可將彼右臂關節拿捌封死。接著兩手合力向前推送，可將彼拋擲出去。

18. 左摟膝拗步

【動作】右腳尖內扣，體向左轉（面向東），並坐身於右腿，左腳向左前方移步，腳跟著地成左虛步。同時右肘微舉，手為側掌（掌心向裏）仍在右肩前，左手（手心向裏）在體前向下向左弧形伸臂摟拔。接著，伸右腿屈左膝成左弓步。右手順勢徐徐向前推伸，手臂在運行中內旋翹腕成立掌，並微微凸掌送勁，左手繼續摟拔，至左膝外側亦坐腕凸掌。目視右手前方。（如圖56、57）

19. 海底針

【動作】體微右轉，屈右膝重心移於右腿，收左腳至

圖56　　　　　　圖57

右腳前側，腳尖點地成左虛步。同時右手外旋成側掌，屈
臂上提至頭的前上方，手腕微屈，手指向前下方。左手臂
外旋置於左膝內側，手心向裏，手指向下。接著，兩腿屈
膝下蹲，重心仍在右腿，體微前傾。同時右手向前下方伸
插，左手屈肘上舉至右肩前，手心向右，目視前下方。
（如圖58、59）

【要求】手的上提與坐身，伸插與下蹲應協調一致。

【技擊含義】

① 敵若用右手握我右腕，我後轉身，右手先按後提，
如此可將彼採起。彼若後撤，我反抓其腕，蹲身下壓，左
手拿托其肘，可拿捌之。

② 敵單手或雙手握我右腕（虎口向上）並向前推壓，
我轉身而提採，以緩其勢。隨即右手腕下屈前壓（左手亦
壓其肘），彼腕受折必鬆手，此時可趁勢插擊其襠。

圖58

圖59

20. 閃通臂

【動作】兩腿微伸，右手順勢上挑，左腳向前（東）邁出半步，腳尖裏扣（向南），並微屈膝。接著，上體右轉，重心漸移於左腿成馬步。同時右手順勢內旋屈臂拉掤至頭的右上方，手心向前，左手順右臂內旋成側立掌（掌心向前）推出。目視左掌。（如圖60、61）

【要求】手的拉掤、推擊需與轉腰、步法的變化相協調。

【技擊含義】

①同「白鶴亮翅」②。

②敵用右手擊我頭部，我用右手拿捋之，左手趁勢擊其右肋。

圖60

圖61

21. 撇身錘

【動作】左腳內扣，重心移於左腿，體微右轉，右腳收回半步，腳尖點地成右虛步。同時兩手握拳，屈肘收至左腹前（右拳在上），拳心均向下。接著，身體繼續右轉，右腳向右前邁出，屈膝成右弓步。同時右拳順勢向上，經面前向右向下輪砸於體前（西），小臂平伸，拳心向上，左手變掌附於右腕，隨勢而動。目視前方。（如圖62、63）

【要求】收腳邁步及轉身動作與收拳、輪砸協調連貫。

【技擊含義】

①敵出右拳進擊，我用右手攄掠、挒採，並屈肘頂撞其胸肋。

②敵出左拳進擊，我右腳弧形（左）進步，並向右轉身掄撇右臂，掄撇中先以肘臂橫截其臂，隨後以拳背砸其

圖62　　　　　　　　　　　　圖63

頭面。

22.退步搬攔捶

【動作一】體微右轉（面向西北），右手臂內旋（拳眼向上）向前平伸，左手附右腕處隨之而動，步型不變。接著，體向左轉（面向西），兩手隨之向左平擺，眼隨右手而視。（如圖64）

【動作二】重心後移，坐身於左腿，收提右腳後撤一步，右腳著地後，順勢屈膝後坐，左腳尖上翹成左虛步。同時屈右臂收右拳於腰側（拳眼仍向上），左手腕微上翹仍在體前不動。接著，伸

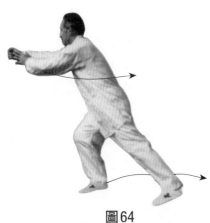

圖64

圖65　　　　　　　　　　　圖66

右腿屈左膝成左弓步，同時右拳從體側，循向上之弧形
（⤺），順勢徐徐向前打出，左手收附於右臂上，體微前
傾，目視右拳前方。（如圖65、66）

【要求】退步坐身與屈臂收拳要協調，拳的收回與打
出，要走弧形，不可停頓。

【技擊含義】如敵以左手攻擊，我向左平攔而捋撥。
敵復以右拳猛擊，我右手擴其腕，左手扶其臂向後捋之，
並退步以卸其力，敵要撤逃，我出拳擊之。

23.上步攬雀尾

【動作】重心前移至左腿，右腳向前邁步成右虛步。
同時右臂微屈、沉肘鬆拳為側掌，食指與鼻尖齊高，左手
仍附右臂，目視右手方向（如圖4），以下動作同第二
式。（見圖5～9）

圖67

圖68

圖69

24. 雲手

【動作一】接上勢（圖9），右腳尖內扣（向東南），右腿負體重，左腳向左後側（偏東北約30°）移動半步，腳尖著地。接著，上體微左轉，順勢伸右腿屈左膝，逐漸將重心移於左腿，當右腿伸直時隨即收腳於左腳旁（兩腳間相距一腳），與此同時，左手（手心向裏）順勢經面前徐徐向左雲撥，當手過正中面後，手臂內旋向左推伸，並坐腕凸掌。右手臂向下經腹前，循向左向上之弧線撩擺，至左上方與左手相迎交錯（右手心向裏，左手心向外）。目隨左手而視。（如圖67、68、69）

圖70

圖71

【動作二】順兩手交錯之勢，體向右轉，重心逐漸由左腳向右腳移動。當右腿承重後，左腳再向左側邁出，腳尖著地，同時右手（手心向裏）順勢經面前徐徐向右雲撥，手過正中面後，手臂逐漸內旋向右推伸，並坐腕凸掌。左手臂向下經腹前，循向右向上之弧線撩擺，至右上方與左手相迎交錯（左手心向裏，右手心向外），目視右手。（如圖70、71）

以上兩手向左右各交錯一次，為一個雲手，如此共做三個雲手。

【要求】在雲手的過程中，兩腿始終保持一定的彎曲度，不可有忽高忽低的起伏現象。轉體時，兩腳要踏實，不可隨之轉動。手的雲擺與腰脊的轉動，兩手的交錯與邁步、收腳協調一致。

【技擊含義】從運動形式上看，在腰脊轉動的主宰下，兩手臂上下、左右的協同雲摟，是防守和化解敵手攻擊

的、極其簡便的手法。但只要用心領悟，學者可在盤架演練和推手實踐中，尋找出諸多的變化手法。下面僅就兩手在套路的演練動作中，表現出的幾點技擊含義，作一簡述：

① 敵用右手攻擊，我右手掤接，若彼力猛，可順向右轉腰捋而摔之，左手扶其肘以助勢。

② 敵用左手攻擊，我右手捋拿其腕，左手從下摟勾其肘，以捌錯其臂，或以左手推擊其胸。

③ 敵用右手攻擊，我右手拿捋其腕，並外旋扭擰，用左手捋壓其肘，以捌之，或進身以肘撞頂其肋，或以肩臂靠而發之。

④ 敵用左腳攻踢，我用右手向左摟拿，扶托而摔之，左手助力。

【注意】在練習②③拿捌手法時，用力不可猛烈，以免受傷。

雲手寓意，手臂似龍，龍起雲生，龍借雲勢，雲助龍威，左右滾動，上下翻轉，順勢而動，動無常態，變化莫測，手臂的滾旋；如龍在雲中的翻騰，因勢而變，變無定式，能充分表示出各種即化、即打的太極手法，真乃「因敵變化示神奇」，故有「進在雲手」之概言。

套路中所編排的三組九個雲手，可看作是雲手之一種手法（從數量之多，可看出它在健身與防身方面的價值）。其實只要在腰脊的主宰下，兩手臂在體前，滾旋運轉、互相配合的演練手法，均可視為雲手。故需在定式雲手的啟示下，亦可練些不定式的雲手手法，並與步法相配合，久之會顯示出更神奇的手法。

25. 單 鞭

【動作】接上式第三個雲手（圖
72）。當右手向右雲撥，並與左手相
迎後，由掌變鈎，鈎尖向下。同
時，左腳邁出，腳尖著地，接著體
向左轉，重心逐漸向左移動，變右
順勢為馬步，左手順勢經面前向左
雲撥，隨即內旋手臂向左推伸，凸
掌吐勁，目視左手。（如圖73、74）

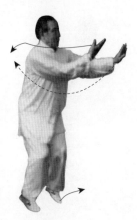

圖72

【要求】兩臂不可挺直，應保持一定的彎曲度，兩手
腕的高度一致。

【技擊含義】

① 敵以左手擊我胸部，我右手採拿，出左手還擊其
胸。

圖73

圖74

② 敵以右手擊我胸，我右手採拿並外旋，左手扶壓其肘而捌之，或右手採拿而提拉，以左手擊其右肋。

26. 左高探馬

圖75

【動作】右腳尖稍內扣，體微左轉（面向東），並坐身於右腿，左腳收回半步，腳尖點地為左虛步。同時左手臂外旋（手心向上），屈臂收至體前，右鉤手變掌，向前推至左手之前上方（手心向前），目視前方。（如圖75）

【技擊含義】敵以左手擊我胸，我用左手拿採之，同時用右手迎擊其面，或拿採後外旋，用右手搓壓其肘。

27. 右分腳

圖76

【動作一】上體微向左轉（右肩向東南），左腳向前（東北）邁出半步屈膝成左弓步。同時左手內旋，並循向上向右之弧線翻置於右肩前（手心向右），右手臂外旋，循向下向左之弧線下落至左胯前，手臂鬆直，手心向左。目視左手前方。（如圖76）

【動作二】兩手臂內旋並在體前交叉上舉，至頭上方

時，兩手（手心均向前）分開，右手（直臂）落至體右側（東南），成側立掌與肩同高。同時右腿屈膝提起，腳尖下垂，收於左腿內側，隨即向右前方（東南）緩緩踢出，腳面繃直，左腿微屈。身正，目視踢腳方向。（如圖77）

圖77

【要求】分腳即踢腳，應先屈膝舉腿，再伸腿踢腳，兩個動作要連貫。上體不可俯仰歪斜，起腿高度以胯高為宜，分手與踢腳要協調。

【技擊含義】（按上式）當敵手被拿採，欲撤逃，我兩手順向旋擰，右手插在其臂下，順勢向上拋擲之，並起右腳踢其身。

圖78

28.右高探馬

【動作】右腳落於右前方，屈膝成右弓步。同時上體微右轉，右手臂外旋（手心向上），屈肘收於體前，左臂屈肘收至耳側，並順弓步之勢成立掌，向前推至右手的前上方。目視左手前方。（如圖78）

【技擊含義】同左高探馬，唯方向相反。

圖79　　　　　　　　　　　圖80

29.左分腳

【動作一】上體微向右轉，同時右手內旋，循向上向左之弧線翻置於左肩前（手心向左），左手臂外旋，循向下向右之弧線下落至右胯前，手臂基本伸直，手心向右。目視右前方。（如圖79）

【動作二】重心前移，左腿屈膝提起，腳尖下垂，收於右腿內側，隨即向左前方（東北）緩緩踢出，腳面繃直，右腿微屈。同時兩手臂內旋在體前交叉上舉，至頭前上方時，兩手（手心均向前）分開，左手（直臂）落至體左側（東北）成側立掌，與肩同高。右手落於體右側，略高於肩，亦成側立掌。目視踢腳方向。（如圖80）

【要求】同右分腳。

【技擊含義】同左分腳。

30.轉身蹬腳

【**動作一**】屈左膝收左腳於右腿內側，腳尖向下。同時，兩手內旋（**手心向裏**）下落至體前交叉，右手在外。目視前方。（如圖81）

【**動作二**】以右腳為軸，體向左轉（**面向西北**），接著，兩臂在體前上舉，至頭前上方時，兩手（**手心向前**）分開，左手落於左前側與肩同高，右手落於右側，略高於肩。同時左腳尖上翹，向左前蹬出，右腿微屈。目視蹬腳方向。（如圖82、83）

圖81

【**要求**】轉體時要頭正身直，以保持重心的穩定，分手與蹬腳要協調。如果老年單腿支持轉身站不穩時，可先將左腳落至右腳的側後方，兩腳支持轉體，然後再做蹬腳動作。

圖82

圖83

【技擊含義】

①身後有敵攻擊，我急轉身，用左手拿採之，同時起腿蹬踹其腿胯。

②敵以右手攻擊，我用右手拿採，左手托其肘，並起腿蹬其膝，左右可對稱使用。

31.左摟膝拗步

【動作】右腿微屈，左腳下落於左前方，腳跟著地成左虛步。同時左手自右前下落，向左摟膝，右手收至右頰前。接著，做左摟膝拗步。參看第18式。（如圖84）

32.踹　腳

【動作】左手提至右肘處，手型不變，右手握拳並外旋。同時重心前移，收右腳至左腿內側。接著，右拳收抱於腰間，左手順右拳上向前橫掌推擊，同時右腳外旋向前下方蹬踹，目視前方。（如圖85）

圖84

圖85

【要求】蹬踹與收拳推擊要協調。

【註】此式在傳統套路中為「右摟膝拗步」，吳桐先生在改編時將此式改為「踹腳」，也是唯一的新添內容。

【技擊含義】敵以右或左手擊我胸，我右手拿其腕，並外旋拉拽，左手壓（或擊）其肘（或胸），同時右腳踹其腿（或踩其腳）。

33.進步栽捶

【動作】右腳內旋落在右前方，屈膝成右弓步。同時左手向下向左摟撥，提右拳至右肩側。接著，重心前移，左腳向前邁步並屈膝成左弓步，同時上體前傾，右手向前下方捶擊，左手摟過左膝後合於右腕處。目視右拳。（如圖86、87）

【要求】摟撥、捶擊與步法應協調。

圖86

圖87

【技擊含義】

① 敵以右手攻擊我胸，我右手（虎口向內）抓握其腕，左手扶其肘部，隨即左手向下壓其肘，右手外旋向上向前下推壓。如此可使其右臂向其右肩外側折疊，同時上左腳拌或踩其腳，彼可被摔跌於地。

② 若敵以同樣的手抓握我右手時，亦可運用此法解脫或還擊。

34.翻身撇身捶

【動作】左腳內扣，身向右後轉，右腳尖翹起成右虛步，同時右拳上舉，經面前向右後掄撇（拳背向上），左手收於腰間，掌心向裏。接著，上體繼續右轉（面向東），右腳向右前方（東南）移步，並屈膝成右弓步。同時右拳順勢繼續以拳背向前（東）撇砸，然後屈肘收回（拳心向上），左手在右拳回收時，向前推出。目視左手方向。（如圖88、89）

【要求】拳的掄撇與下砸要連貫，並與轉身弓步要協調。

【技擊含義】若敵從背後以右拳攻擊，我向右後轉身（移步）以避勢，並隨勢掄撇右拳。在掄撇中，先以肘臂橫截其臂，隨即以拳背擊其面，或在掄撇中用右手拿採其右手臂，用左手擊其面。

35.上步高探馬

【動作】重心前移，左腳向前邁步，屈膝成左弓步。

圖88

圖89

同時左手臂外旋，並向下向後略收（手心向上），右拳變掌內旋，向前推出。目視前方。（如圖90）

36. 拍 腳

動作與右分腳相同，唯右手內旋（手心向下），在右腳踢起時，用右手輕輕拍擊腳面，目視右腳方向。（如圖91、92）

圖90

【註】據師傳此式原為「騰空二起腳」，因突然的跳躍，改變了勻長的呼吸節奏，故將跳躍動作刪去，改為「二起腳」或「翻身二起腳」，但在練法上多有不同。本拳以「拍腳」代之。因筆者右胯有傷，圖片未能達到拍擊程度。

圖91

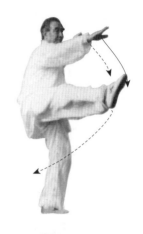

圖92

圖93

37.退步打虎勢

【**動作一**】右腳向左腿後（西北）撤步，並坐身於右腿，上體微左轉，左腳亦順勢向同一方向後撤一步，並屈膝成左弓步。同時左手向右，經面前成側掌移於右肘內側，右手外旋為側掌，並與左手趁撤步之勢，經腹前徐徐向左弧形拉掤，右手至右胯前，左手至左腹前。目視右前方。（如圖93、94）

【**動作二**】重心移至左腿，右腿屈膝高抬，腳尖微翹收於襠前，左膝微伸成左獨立勢（面向東北）。同時左手循拉掤之勢，繼續向左向上屈臂上舉至左肩之前上方，並

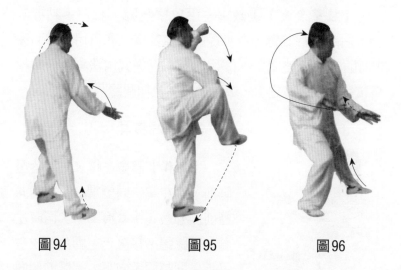

圖94　　　　圖95　　　　圖96

握拳（拳眼向下），右手亦握拳收
抱於左胸前（拳眼向上），使右肘
與右膝上下相對。目視右前方。
（如圖95）

圖97

　　【動作三】右腳向身後（西
南）撤步，並屈膝成右弓步，同時
兩拳變掌，左手外旋與右手同向體
前（東北）伸出，手心均向內，左
手在前，並趁撤步弓膝之勢，兩手
經腹前徐徐向右弧形拉捋，左手至
左胯前，右手至右腹前。以下動作同動作二，唯方向相
反。（如圖96、97）

　　【要求】打虎式有左右兩式，左式面向東北方，右式
面向東南方，支撐腿微屈，站穩。

【技擊含義】①敵用左手攻擊我胸，我左手黏握其腕，右手扶捋其臂，退步提膝頂撞其胸，亦可用左拳回擊其頭面（左打虎式）。②反向為右打虎式用法。③若敵抽臂欲逃，我捋臂之手，順勢拋揚，並伸腿蹬踢之。

38. 雙峰貫耳

圖98

【動作】體微左轉，右拳落至胸前，與左拳一同變掌，並分別向體前側分撥（手心向上），同時左腳向前踢踹。接著，左腳落地成左弓步，同時兩手向下，經體前側向前上，握拳貫擊，臂微屈，拳眼相對，高與耳齊，目視前方。（如圖98、99、100）

【要求】兩手繞弧貫擊動作，

圖99

圖100

不可繞至側後方。分撥與踢踹，貫擊與弓步要協調。

　　【技擊含義】敵雙手推擊我胸，我退步用雙手向下将採之，並用另一腿蹬其下盤，然後順勢從兩側擊其耳門或太陽穴。

39. 轉身右蹬腳

　　【動作一】左腳尖內扣，體向右轉（面向南），右腳尖外展，屈膝成右弓步。同時兩拳變掌外旋，左手伸向體側（手心向前），右手經頭前上向右弧形移至體右側。接著，兩手內旋（手心向裏）收於腹前交叉，右手在外。同時，重心移於左腿，收右腳至左腳旁，腳尖點地成左虛步，目視右前方。（如圖101、102）

　　【動作二】兩手臂在體前上舉，並內旋至頭前上時，各向體側分開，右手與肩同高，左手略高於肩，皆為側掌。同時，右腿屈膝高抬，隨即腳尖上翹，向右側蹬出，

圖101　　　　　　圖102

圖103

蹬腳時上體微右轉。目視右手方向。（如圖103）

【技擊含義】若敵從右後攻擊，我轉身用右手将採，若彼抽逃，我趁勢抛擲，並踢蹬之。

40. 右下勢

【動作】右腳前落，重心前移，成右弓步。同時上體稍右轉，左手外旋向上向右畫弧至右臂內側，仍為側掌，手心向內。接著，左腳稍向後移，腳尖外展，上體後坐，屈膝下蹲，右腿伸直腳尖內扣，成右仆步。同時兩手向下向後拉将，至右腿內側，右手在前，手勢不變。目視右前方。（如圖104、105）

圖104

圖105

【要求】拉挒與下蹲要協調。

【技擊含義】敵用左手猛力推擊我上部，我用左手拿其手腕，右手托其肘。順勢向左後下方挒帶之。前仆之腿有蹬絆之意。

41. 野馬分鬃

【動作一】重心前移，屈右膝成右弓步，同時右手上挑，左手移至體前下方。接著，體向右轉，重心繼續前移，收左腳至右腿內側（腳不著地），同時右手收抱至左肩前，手心斜向左下方，左手向右擺至右胯前，手心向右斜上方，從而使兩手臂在體前，呈右上左下的斜抱狀態。目視前方。（如圖106、107）

【動作二】左腳繼續向左前邁出並屈膝成左弓步。同時左手臂順勢徐徐向左斜前方揮擺擠靠，手心斜上與肩同高，右手向右斜下方按挒。手心向下，高與腹齊，上體微

圖106

圖107

圖108　　　　　　　　　圖109

圖110

向左傾靠。目視右斜方。（如圖108）

【動作三】上體左轉，重心移於左腿，收右腳於左腿旁（腳不落地）。同時左手經面前擺至右肩前，手心向右下方，右手向左摟撥至左胯前，手心斜向左上，使兩臂呈左上右下的斜抱狀態。目視前方。（如圖109）

【動作四】右腳繼續向右前邁出，屈膝成右弓步。同時右手臂順勢徐徐向右斜前方揮擺擠靠，手心斜上與肩同高，左手向左斜下方抻按，手心向下，高於腹齊，上體微向右傾靠。目視左斜方。（如圖110）

【要求】步法的前移是連續的，腳不可高提。步的移動與手的抱合、弓步與手臂的分靠要協調一致，上體傾靠不可過量。

【技擊含義】

① 敵用左手攻擊，我用右手向左撥擊，隨即上步用左手臂靠擊其身，加之上步鈎絆敵腿，可將其發放跌出。

② 敵用右腳攻擊，我用左手摟拿，隨即兩手扶托而拋擲之。

42.四角穿梭

【動作一】體向右轉，重心移至右腿，收左腿向左前（西南）方邁步，並屈膝成左弓步。同時右手臂內旋，屈肘將小臂平置於體前，手心向下。左手外旋（手心向上），屈肘從右臂下穿去，隨即向左轉身，左手順勢向左平擺至西南方向。右手隨左臂擺動。眼隨左手而視。（如圖111、112）

【動作二】體微右轉，並坐身於右腿，左腳尖上翹，成左虛步。同時左手屈臂回收至面前，右手仍隨左臂而

圖111

圖112

圖113　　　　圖114　　　　圖115

圖116

動。接著，體微左轉，重心前移，屈左膝成左弓步。同時，左臂內旋屈臂（手心向下），順勢向前（西南）下滾動擠去，肘略低於肩和手，右手仍附左臂內側，以助其力。目視左手前方。（如圖113、114）

【動作三】左腳尖內扣，身向右後轉180°（面向東），右腳向右前（東南）移動，屈膝成右弓步。同時，右手外旋（手心向上），從左臂下穿出，並順勢向右平擺至東南方向，左手隨右臂而動，眼隨右手而視。（圖115、116）

【動作四】同動作二，唯方向相反。（如圖117、118）

【動作五】重心前移，左腳向左前（東北）邁出，屈

圖117

圖118

圖119

圖120

膝成左弓步。同時，左手從右臂下穿擊，開始下一個穿梭
動作，但最後的「屈臂前擠」改為「左臂掤架」，右手推
按（向東北）。（如圖119、120、121、122）接下去的最
後一個穿梭是向西北方向完成的，其轉身動作與動作三相

圖121　　　　　　　　　　圖122

同，手法為右臂掤架，左手推按。（如圖 123、124、
125、126）

　　【要點】四角穿梭是向四偶做的動作，所以步法需邁出
四偶方向，如此動作才能做的和順得體。穿梭中的兩種不同

圖123　　　　　　　　　　圖124

圖125

圖126

手法：第一種「擠法」是筆者先父吳桐先生常用之法。第二種「掤按」是宗師鑒泉先生常用之法，但上掤不可過高。

【技擊含義】

①敵用右手攻擊，我右手臂黏掤，彼力較猛，我屈臂走化之，彼力既卸，我旋臂滾而擠發。

②攻、接同上，彼欲抓腕進步捯臂，我順勢屈臂內旋，以卸其力，並在其上步時轉身擠發之。

③若敵攻擊力猛而偏上，我黏接之臂內旋掤而捋之，以卸其力，同時出另手推擊其胸肋。

④敵右手攻擊，我右手黏接，彼猛擠逼，我左手從臂下穿出，滾而掤之，同時抽右手復擊其胸。

43. 攬雀尾

【動作】體微左轉（面向西），重心後移，坐身於左

腿，右腳稍向左前移動，腳尖上翹成右虛步。右手臂外旋，成側掌伸向前方，手指與鼻齊高，左手附於右臂內側，目視前方。（如圖127）以下動作同第2式（略）。

44. 雲 手

動作同第24式（略）。

45. 單 鞭

動作同第25式略。（如圖128）

46. 金雞獨立

【動作一】體向左轉（面向東），左腳跟內轉，重心移於左腿。同時左手外旋收於胸前，繼而向下向左按撥，至左胯前，手心向下，手指向前。右鉤變掌，順勢收至腹前，並外旋（手心向上）向上與左手在體前交錯（右外左

圖127

圖128

內）後，再內旋向右上挪撥，至頭的右上方（手心向前），在兩手上下交錯分撥時，右腿屈膝提起，並微伸向前蹬踹。目視前方。（如圖129）

【動作二】右腳前落，重心移於右腿，兩手如上動在體前上下交錯（左外右內）分撥。同時提左腳向前蹬踹。目視前方。（如圖130）

【要求】分撥與蹬踹要連貫協調，蹬踹之腿不可伸直，以示用意而不用力。

【技擊含義】敵雙手向我胸前攻擊，我兩手上下分而撥之，以卸其力，同時起腿蹬踹之。

47. 拍面掌

【動作】左腳落地，成左虛步。同時左手向下並外旋（手心向上），屈肘平收於體前，右手提置於左臂上，手心向下。接著，重心前移，屈膝成左弓步，同時左手回

圖129

圖130

圖131　　　　　　　　圖132

圖133

收，右手從左手前下按，隨即左手內旋，從右手上向前推出，並坐腕凸掌。目視前方。（如圖131、132）

【要求】弓步與推掌要協調。

【技擊含義】敵以左手攻擊，我用左手擴掠，彼又出右手擊來，我用右手按捋，隨即出左手還擊其面。

48. 轉身十字擺蓮

【動作一】左腳尖裏扣，體向右後轉（面向西），右腳收回半步，腳尖點地成右虛步。同時右手下按至腹前（臂微屈），仍為俯掌，左臂屈肘經面前向右擺至右肩前。目視前方。（如圖133）

【動作二】左腿屈膝支撐，右腿伸直，從左前（西南）循向上向右向下之弧線擺動，至右前方（西北）。同時左手（手心向下）從右前（西北）循向左向下向上之弧線擺動，當手與腳擺至體前時，用手輕拍腳面。接著，右腳跟著地，成右虛步。同時左手提至左前（西南）時，手外旋屈臂收於左肩前，右手順落腳之勢向右腿外側摟撥。目視前方。（如圖134、135）

【要求】支撐腿不可伸直，右腿的擺動幅度，一般與腰齊高（在傳統練法上，腿法不可過高），擺動不可加速，拍擊動作要柔和。

【技擊含義】敵若從身後用手抓我右肩，我即用左手抓握其手，隨即向右後轉身，用右腳向右橫掃其腿（小腿）。

同時左手向左橫拉其手，彼受此二力（力偶）的作用，必然立身不穩，而跌之。

圖134

圖135

圖136　　　　　　　圖137

49.右摟膝拗步

動作同第31式「左摟膝拗步」，唯方向相反。（如圖136）

50.摟膝指襠捶

動作同第33式「進步栽捶」，只是打出的右拳應向前下方，拳高與腹襠齊。（拳照偏高）（如圖137）

51.上步攬雀尾

【動作】右拳變掌向前上舉，左手仍附右臂。同時右腳向前邁步，腳跟著地成右虛步。目視前方。（如圖138）以下動作同第2式攬雀尾。

圖138

圖139

52. 單 鞭

【動作】接上動，右手變鈎，鈎尖向下，右腳尖內扣，身向左移（面向東南），重心移於右腳，左腳向左後方（偏東北）移動，然後隨著轉體重心向左移動，變弓步為馬步。同時左手（手心向裏）順勢經面前向左雲撥，過正中面後，手逐漸外旋向左側推出，並坐腕凸掌。目視左手。（如圖139）

53. 左下勢

【動作】重心移於左腿，右腳向後（西）撤步成左弓步。同時右鈎手變掌外旋（手心向內），經面前向左移至左臂內側，左手臂伸直，亦外旋成側掌，兩手高與肩平。接著，重心後移，右腳外轉，屈膝深蹲，左腿伸直，腳尖

圖140　　　　　　　　圖141

圖142

內扣，成左仆步。同時兩手向後向下拉捋至左腿內側，左手在前，右手在左肘處，手勢不變。目視前方。（如圖140、141）

54.上步七星

【動作】重心前移，屈左膝左腳跟內轉，右腳向前邁出一步，腳跟著地成右虛步。同時左、右手順勢相繼向前上挑起，左手在上挑時，以腕為軸，循逆時針方向纏繞一個圓，然後手心向內合抱於右臂內側。目視前方。（如圖142）

【技擊含義】

①（接上式）敵被捋而失重，我可趁勢用右手挑擊其襠。

②敵退步用左手擊我胸，我用左手外纏擄掠其腕，同時右手截按其肘，可拿捌之。

55.退步跨虎

【動作】右腳後撤一步，重心後移，左腳尖上翹成左虛步。同時左手從右臂上穿出，兩手內旋交叉下按至腹前分開。繼而右手向右分撥，屈臂上舉至右前上方，手心向外，左手變鉤，向左下方勾掛，至左胯旁，鉤尖向後。同時左腿屈膝高抬，腳尖向下，右腿微屈支撐。目視前方。（如圖143、144）

【要求】手的下按、分撥和退步提腿要連貫協調。

【技擊含義】若敵先以左手擊我胸，繼而用右腳踢襠，或手腳同時攻擊，我在向後撤步的同時，用右手向下分撥其左手，用左手外勾其腳，並提左腳踢其身（拳式中是提膝待踢狀態）。

圖143

圖144

圖145　　　　　　　　　　　　圖146

56.轉身拍面掌

【**動作**】左腳落於右腳前，腳尖點地，接著，以右腳掌為軸向右後轉體180°（面向西）。同時右手在體前下按，左鈎手變掌，手心向上抱於體側。隨即左腳向前（西）邁步，並屈膝成左弓步，同時左手臂內旋，從右手上向前推出，並坐腕凸掌，右手外旋（手心向上）內收至左肘下。目視前方。（如圖145、146）

【**要求**】動作要連貫協調。

【**技擊含義**】敵自身後以左（右）手攻擊，我在轉身中用右手臂下按之，隨即上步用左手擊其面或戳其喉。

57.轉身雙擺蓮

【**動作一**】左腳尖裏扣，體向右後轉180°（面向東），右腳隨轉身收回，腳尖著地為右虛步。同時左手收

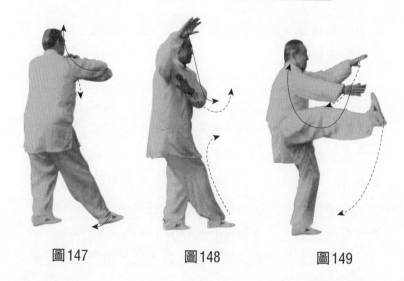

圖147　　　　圖148　　　　　圖149

按於右肩上，右手臂順勢向右上弧形擺至右上側，在右臂擺動時左手下滑至右胸側。目視前方。（如圖147、148）

【動作二】左腿屈膝支撐，右腿伸直，從左前（東北）循向上向右向下之弧線擺動，至右前（東南）方。同時左、右手相繼從右前（東南），循向左向下向右之弧線擺動，當腳擺至體前時，用左、右手相繼拍擊右腳面。

接著，右腳落至右前方成右虛步，兩手擺至左前方。目視前方。（如圖149、150）

圖150

【要求】擺腿速度不可加快，拍擊亦不可用力。

【技擊含義】敵若向身後用左手抓我右肩，我即用左手按拿其手（使其不得脫開），同時轉身並外展右臂，即

可扭捌其身臂。隨即右腿向右橫掃，兩手臂向左橫擺，如此彼即被摔於體前。

58.彎弓射虎

【動作】體向右轉，重心移於右腿，屈膝成右弓步。同時兩手順勢經腹前向右側拉捋，左手至右胯前，右手至右肩前，隨即右、左手握拳，相繼（或同時）向左前打出，左拳與胸肋齊交，拳眼向上，右拳高與面齊，拳眼向下。目視左前方。（如圖151、152）

【要求】打出的拳臂不可伸直，左肘稍向內收，使兩前臂的方向一致。

【技擊含義】

① 敵用右手向我胸、面攻擊，我右手攄其腕，左手扶其肘，順勢向右後捋採，以卸其力，待其前傾時，可相繼出右、左拳，回擊其面部和胸肋。

圖151

圖152

②敵雙手向我胸部推擊，我亦用雙手分別攦掠其手腕（左拿右，右拿左），並順勢向右後拉捋，以卸其力，如彼受捋而後拽，我可趁勢推送，可將彼發出。

59.左攬雀尾

【動作】重心移於右腿，左腳向前邁步，腳跟著地成左虛步。同時兩拳變掌，左掌向前上舉，手指高與鼻齊，右手外旋附於左腕處，目視前方。（如圖153）以下動作同第2式攬雀尾，只是該動作用左手來完成，且動作方向相反。（如圖154、155、156、157）

圖153

圖154

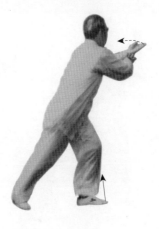

圖155

圖156 圖157

60.雲　手

動作同第24式雲手，只是該動作由左向右移步雲動。
（如圖158、159、160）。

圖158　　　　　圖159　　　　　圖160

圖161

圖162

61. 單　鞭

動作同第25式單鞭，只是該動作為左鈎手的向右單鞭式。（如圖161、162）

62. 收　勢

【動作】重心移於右腿，收左腳向右腳靠攏（兩腳間保持與肩同寬之距），兩腿仍屈膝。同時左鈎變掌，與右手同時向內收至兩肩前，手心向下。

接著，兩腿徐徐伸直起立，同時兩手緩緩下按，落至腿側，鬆腕下垂。目視前方。（如圖163、164）

圖163

圖164

第六節　太極拳推手圖解

　　太極拳推手，原稱為「搋手」或「打手」，它是在太極拳套路練習的基礎上，為使拳術技擊水準獲得進一步的提高，而編創的一種獨特的競技運動。在太極拳普及後，被通俗地稱為「太極推手」。

　　推手是兩人用手臂相靠，以掤、捋、擠、按、採、挒、肘、靠八種勁力的技擊方法而編排的程式，來進行纏繞屈伸的黏隨運動。它可以練肌膚對外力的感知能力，從而可提高對勁力生剋轉變（即「懂勁」）的功夫，為拳技運動奠定基礎。拳論《打手歌》云：「掤捋擠按須認真，上下相隨人難進。任他巨力來打我，牽動四兩撥千斤。引進落空合即出，沾連黏隨不丟頂。」拳論概括地說明推手的特點和作用。

太極拳推手，一般可分為以「掤捋擠按」編排的四正推手法和以「採挒肘靠」編排的四隅推手法。但對初學者來說，最好先學一下「單推手」，它可謂入門之學，透過練習，可掌握手法、身法、步法的正確運動規律和協調能力。

1.單推手

甲乙二人面對站立，相距約兩步，各向前伸出右腳，左腿微屈成右虛步，並向前伸出右手，手腕背面相靠，即為「搭手」。搭手時應鬆肩沉肘（肘微下屈），各持掤勁，左臂微屈垂於體前。搭手根據前伸手腳的不同，可分為四種架勢。

① 順步右搭手，即右腳在前搭右手者。
② 順步左搭手，即左腳在前搭左手者。
③ 拗步右搭手，即左腳在前搭右手者。
④ 拗步左搭手，即右腳在前搭左手者。

搭手後（以順步右搭手為例），如甲用力向乙胸前推按，乙則順勢向後坐身，並微向右轉身，手臂內旋，用手掌黏隨甲腕，屈臂向右後捋，以卸其力。接著，乙伸左腿，變虛步為弓步，同時體向左轉，右手臂外旋，向甲胸部推按。甲順勢向後坐身，體微右轉，變弓步為虛步，手臂內旋，用手掌黏隨乙腕，屈臂向右後捋，以卸其力。接著再弓步，右手臂外旋，向前推按……如此往復不已。

此推手法，應按上述四種架勢，輪替進行，使肢體的協調性、輕靈度得到平衡的發展。

推手不是較力，故不論推按或捋，所用的力度都要掌握適當，力大則宜僵滯、頂抗，在黏隨中會失去敏感度，變化不靈。力小，則無掤撐之勁，不能走化，宜被壓扁。所以說適當的力度，是掌握「沾連黏隨，不丟不頂」的基礎。

2.四正推手

四正推手是以掤、捋、擠、按四種勁力的技擊方法編排的推手運勁，是太極推手的基本練習，其運勁方式是以定步推手為主，但亦可在活步中進行。透過練習主要掌握四種勁力的運用和變化，以提高肢體對勁力變化的敏感度，使拳術的技擊內涵得以運用。

（1）搭手

在單搭手的基礎上，將左手放在對方右肘旁（圖1）即為雙搭手。四正推手較單推手所畫的圈子要小，所以兩人的站位要靠近一些（踏出的腳，前掌內側相對為宜）。雙搭手也有四種架勢：順步右搭手和左搭手；拗步右搭手和左搭手。下面僅以順步右搭手為例，說明四正推手的運動方法和勁力的生剋變化。

搭手後各持掤勁，狹義地講，是一種向前而又向上的抗撐力。廣義地說，是一種富有

圖1

彈性的撐脹力，如氣球的外脹力，按之下陷，並能隨外力的撤回，而黏隨撐出。拳論云：「如意要向上，即寓下意，或將物掀起，而加以挫之之意。」可見掤是一種灌注了意的內勁。

太極拳的其他勁，若不能與掤勁結伴而行，則不能分辨外力的虛實，故而不能獲得「沾連黏隨，不丟不頂」的功夫。故言「掤勁不可丟」。

（2）甲掤乙捋

甲（深色服裝者）乙（淺色服裝者）搭手後，若甲向前的掤勁較大，乙便順其勢，身向後坐，體微右轉，右手內旋，用手掌沾黏甲右腕，向右後引帶，左手仍黏隨甲之右肘，臂微外旋，助右手引帶，以卸甲力，謂捋勢。甲之掤勁被乙捋化後，必須轉勢換勁，以化險情（圖2）。

（3）乙捋甲擠

甲之掤勢被捋化後，就勢弓右膝，右臂內旋屈肘用前臂橫擠乙胸，同時收回左手，附於右肘內側，屈肘（兩前臂有短暫的上下重疊）以助擠勢。擠是一種向前而稍偏下的勁力。所以擠既能減除乙之捋勢，同時也給乙造成後傾之險（如圖2、3）。

圖2

（4）甲擠乙按

乙被擠後須坐胯含胸，

圖3　　　　　　　　　　　　圖4

體微左轉，同時兩手（左手內旋）向下撫按甲臂，以化減其擠勢，謂之按。在下按時，為防止對方向前的衝撞，而向左（或右）側轉身引帶（圖3）。

（5）乙按甲掤

甲順乙之按勢，鬆開擠勁，左手與右肘合力向上掤撐乙之按勁（右手從下向右向上繞至右側扶托乙之左肘）。掤撐在化減乙按勁的同時，也改變了勁力的走向。

乙按勁被解，左手亦改用掤勁與甲左手黏隨。兩掤相對甲乙之左手均向上舉起，右手仍隨對方的左肘而動。至此推手也還原至雙搭手的架勢，不過此搭手為拗步左搭手（圖4）。甲乙各走了四正推手的兩個字，接下來，從「乙掤甲将」開始再走另外兩個字（圖5、6）。

兩人的手臂在推手中所構成的圓環，其方向雖有不同，但這一方向的輪轉，卻可循環不已，從中訓練沾連黏隨，不丟不頂的內勁。然後由連貫的換手方法，換成另一

圖5　　　　　　　　　　圖6

個方向的輪轉。

　　換手一般以「擠按」換手法為最簡便。如在「甲擠乙按」的動作中，乙本應用按勁化解甲的擠勁，但卻突然改用向左的捋勁。根據「有捋必有擠」的技擊法則，甲只要感到捋的威脅，左臂必然會屈臂前擠，以化其險，同時收回右手附於左肘內側以助擠勢。此時，乙再用按勢，但所按之手臂已換成右臂，按著甲用右手向左上掤撐乙之右手……如此即可變換輪轉方向。

　　步子的交換須在多次輪轉後，根據情況，捋者退一步，擠者跟進一步，即可完成。

3.活步推手

　　活步推手是在四正推手的基礎上，加上步法的進退，組合而成的推手運動。所以只要四種架勢的定步推手熟練後，再加上步法，就不會影響沾連黏隨的聽勁功夫。

　　傳統的活步推手法有「進三退二」和「進三退三」，前者稱為「套步」，後者稱為「合步」。所謂合步，是指在推手中，一人退右腳，另一人進左腳，只要定步推手很純熟，步法可隨意行走。下面僅介紹套步推手法。

　　（1）套步推手

　　甲（右側者）乙（左側者）二人相距一步站立，兩腳平行與肩同寬。兩手相搭（以右搭手為例），各含掤勁（如圖7）。搭手後，如乙感到甲的掤勁大，便用捋化解之，同時後腳後退。甲順勢右腳插向乙的左腳內側，同時屈臂向前擠（靠）（如圖8）。接著，乙用按化解甲之擠，同時體微左轉，左腳從甲右腳的外側繞至內側落地，此步稱為「套步」（如圖9）。

圖7

圖8　　　　　　　　　圖9

　　甲順勢退右腳，同時兩手向右上掤撐，乙順勢亦向上掤撐，並邁右腳落於甲左腳的外側。至此甲乙的雙手已構成左搭手的架勢（如圖9、10）。隨即甲趁勢退左腳而捋，乙進左腳，插在甲右腳的內側而擠（如圖11）。

　　接著，甲右腳套步至乙左腳內側，並用按化解乙之擠（靠）（如圖12、13）按步法的進退規律，可把「套步」

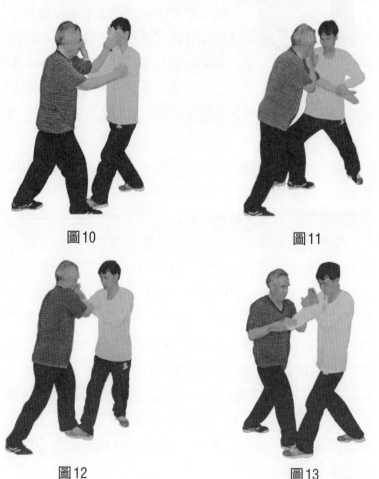

圖10　　　　　　　　　　圖11

圖12　　　　　　　　　　圖13

圖14

視為第一步，進者連進三步，退者連退二步，故稱「進三退二」。步法的盡頭，正是捋擠轉換之際。按勢與套步，應在腰的主宰下，將手臂的勁力與步法協調一致。

換手法同前，亦以「擠按」變勢為最簡便。當乙方兩手按觸到甲的左臂時，變按勁為捋勁，並收回前伸的腳為平行步，甲順勢亦上步成平行步。此時，兩人成平行步左搭手架（如圖14），然後再開始另一側的推手。

（2）大捋

當上述推手已練到一定程度時，可適當加大步幅和捋的動作，會使對方的擠變成靠，從而可在套步推手中體驗出大捋推手的內涵（採挒肘靠）。

甲乙二人搭手，各持掤勁，乙加大掤力，引甲外抗，並借其抗力，右手外旋虛握其腕，向右後方提帶，左手撫其肘以助勢。此借力提帶的動作稱為採，如同採摘果食一樣，先向下用力拽，然後拿起來。功夫深厚者，手無需握，只要黏撫其手腕，即可借力提帶移動其身。在實際運用中，往往採與捋合在一起使用，其效更佳。

乙捋採時，右腳後退，可稍偏向右後，甲順勢右腳跟進，先試圖用肘擊乙胸，但因乙捋採時兩手使用了挒勁，使甲肘不能屈，故而就勢而為用肩靠之，所以動作中的肘擊之意不可丟。

　　乙受靠體左轉，左手臂微內旋，沉肘向下按截，並向外撥，右手撫其左臂向乙胸推按。同時提左腳套步至甲右腳內側，如此合力可使甲身向右扭轉，以卸其靠勁。

　　這種能使對手肢體扭轉，而破壞其攻擊力的動作謂之挒。

　　知其意（採挒肘靠），可在推手練習中「用意不用力」地實習之。練習要鬆肩活腰，這是貫徹上述用法的關鍵要領。能鬆肩手臂則輕靈，敏感度強；能活腰則能使身軀轉動靈活和重心移動隨意。

　　【註】與筆者拍照推手照片的是弟子文建生（其中有兩張是筆者之孫）。

第七節　太極拳主要傳承系統

　　先父為了能在國術館推廣太極拳，曾給老館員們贈送於1935年出版的《吳鑒泉氏的太極拳》一書。我在學習該拳時，亦經常翻閱它。在誦讀經典拳論（因這是父命）以外，還翻看書後的《太極功系統表》，這可能是因為表上有父親的名字。

　　傳承表上「祖師張三豐」深深地印在我的腦海裏。雖然以後有論者否定這一論斷，卻不能動搖我的信念，後經我查閱資料證明原論斷的真實性。下面僅就吳氏太極拳的傳承，作一簡要的介紹。

　　吳氏太極拳是從楊氏太極拳發展而來的，而要說楊氏太極拳的來歷，就必須講一段所謂的楊露禪在陳家溝偷拳

的故事。

露禪（又名福魁）家境貧寒，少年時到陳家溝打工，在這裏他見陳氏家族內部傳授的一種拳，既不讓外姓人看，更不傳授。後來露禪在院牆外發現一個小孔，可以窺視院內的練拳情況。愛好拳術的他，就每日按時窺視，不知過了多少時日，被主人發現。

陳長興在生氣中讓他演練偷視的拳術，發現他的拳模仿的還不錯，認為這孩子聰明伶俐，於是就收他為徒。就這樣他在陳家溝學到了太極拳的真功夫。露禪出師後回到家鄉（河北永年縣）傳承拳藝，後走江湖成名（人稱楊無敵），最後落腳北京。

在許禹生先生的《太極拳圖解》中這樣記載：「當露禪先生充旗營教師時，得其真傳者三人，萬春、凌山、全佑是也。一勁剛、一善發人，一善柔化；或謂三人各得先生之一體，有勁骨皮之分。」

之後露禪被王子請去教拳，因全佑三人的身份不稱，故命他三人列入其次子班候（又名楊鈺）門下繼續學習，於是班候便把楊式小架拳傳授給他們（露禪傳授的是楊式大架拳）。

全佑出師後，在北京水磨胡同惠宅箭院設館授拳，他融楊式大小架於一體，自創太極拳功架，從其學者眾多，但入門弟子僅郭松亭、王茂齋、夏公甫、常運亭。其子吳泉（滿名：愛紳）對楊式小架拳情趣較深，在教學中不斷發展，逐步修潤和充實了其父創編的拳架，使之更加柔和連綿，從而自成流派，被稱為吳氏太極拳。

1914年許禹生在北京創立體育研究社，邀請楊少侯、楊澄甫、吳鑑泉任太極拳教師，從那時起太極拳開始公之於眾，傳於門牆之外，造福社會。1928年鑑泉被上海精武體育會請到上海教授太極拳。1933年吳鑑泉太極拳社在上海成立。

1924—1927年先父吳桐在北平體育專科學校學習時，其家傳武功被在該校授課的鑑泉先生看準，經申請被收為門徒，故可赴先生公寓學習太極拳，得其真傳。

太極拳傳承系統表

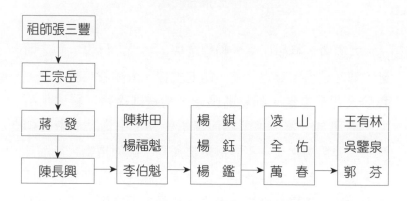

第八節　太極拳經典論著

《太極拳論》是先輩太極拳家的經典著作。我在學練太極拳之初，先父就選幾篇令我學習並熟背之。當時雖有許多字句不詳其意，但父親也不多講解，只讓我按他的要

領練拳。後在拳術練到一定程度時，才逐漸理解了拳論中字句的含義。如：「由著熟而漸悟懂勁，由懂勁而階級神明。」即學拳時，先要規範動作，並熟練之。進而在勁力上從「用意不用力」的柔勁開始訓練，逐步掌握剛柔相濟、似鬆非鬆、沾連黏隨、完整一氣的功夫。實踐證明，《太極拳論》是太極拳者增進健康、提高拳藝的指導綱領，學者應經常研讀之。

（一）《太極拳論》
王宗岳

太極者，無極而生，動靜之機，陰陽之母也。動之則分，靜之則合。無過不及，隨曲就伸。人剛我柔謂之走，我順人背謂之黏。動急則應急，動緩則緩隨，雖變化萬端，而理為一貫。由著熟而漸悟懂勁，由懂勁而階及神明，然非用力之久，不能豁然貫通焉。虛領頂勁，氣沉丹田。不偏不倚，忽隱忽現。左重則左虛，右重則右杳，仰之則彌高，俯之則彌深。進之則愈長，退之則愈促。一羽不能加，蠅蟲不能落。人不知我，我獨知人，英雄所向無敵，蓋皆由此而及也。

斯技旁門甚多，雖勢有區別，概不外乎壯欺弱、慢讓快耳。有力打無力，手慢讓手快，是皆先天自然之能非關學力而有為也。察四兩撥千斤之句，顯非力勝；觀耄耋能禦眾之形，快何能為。立如平準，活如車輪。偏沉則隨，雙重則滯。每見數年純功不能運化者，率皆自為人制；雙

重之病未悟耳。

欲避此病，須知陰陽。黏即是走，走即是黏。陰不離陽，陽不離陰，陰陽相濟，方為懂勁。懂勁後，愈練愈精，默識揣摩，漸至從心所欲。本是捨已從人，多悟捨近求遠，所謂差之毫釐，謬以千里，學者不可不詳辯焉。

（二）《太極拳論》
武禹襄

一舉動，周身俱要輕靈，尤須貫串。氣宜鼓盪，神宜內斂。無使有凸凹處，無使有斷續處。其根在腳，發於腿，主宰於腰，形於手指。由腳而腿而腰，總須完整一氣，向前退後，乃能得機得勢，有不得機得勢處，身便散亂，其病必於腰腿求之。上下前後左右兼然。

凡此皆是意，不在外面。有上即有下，有前即有後，有左即有右。如意要向上，即寓下意，若將物掀起而加以挫之之意。斯其根自斷，乃壞之速而無疑。虛實宜分清楚，一處自有一處虛實，處處總此一處虛實。周身節節貫串，勿令絲毫間斷耳。

長拳者，如長江大海滔滔不絕也。十三勢者：掤、捋、擠、按、採、挒、肘、靠，此八卦也：進步、退步、左顧、右盼、中定，此五行也。

掤、捋、擠、按即乾、坤、坎、離四正方也；採、挒、肘、靠，即撰、震、兌、艮四斜角也；進、退、顧、盼、定，即金、木、水、火、土也。（原注云：此係武當

山張三豐老師遺論，欲天下豪傑延年益壽，不徒作技藝之末也。）

（三）《十三勢行功心解》

以心行氣，務令沉著，乃能收斂入骨。以氣運身，務令順遂，乃能便利從心。精神能提得起，則無遲重之虞，所謂頂頭懸也。意氣須換得靈，乃有圓活之趣，所謂變動虛實也。

發勁須沉著鬆靜，專注一方。立身須中正安舒，支撐八面。行氣如九曲珠，無往不利。運勁如百煉鋼，何堅不摧，形如捕兔之鵠，神如捕鼠之貓。靜如山岳，動似江河。

蓄勁如開弓，發勁如放箭。曲中求直，蓄而後發。力由脊發，步隨身換。收即是放，斷而復連。往復須有折疊，進退須有轉換。極柔軟，然後極堅硬。能呼吸，然後能靈活。

氣以直養而無害，勁以曲蓄而有餘。心為令，氣為旗，腰為纛。先求開展，後求緊湊，乃可臻於縝密矣。

又曰，先在心，後在身，腹鬆氣斂，神舒體靜，刻刻在心。切記一動無有不動，一靜無有不靜。牽動往來氣貼背，斂入脊骨。內固精神，外示安逸。邁步如貓行，運勁如抽絲。全身意在精神，不在氣，在氣則滯。有氣者無力，無氣者純剛，氣如車輪，腰如車軸。

（四）《十三勢歌訣》

十三總勢莫輕視，命意源頭在腰隙。
變轉虛實須留意，氣遍身軀不稍滯。
靜中觸動動猶靜，因敵變化示神奇。
勢勢存心揆用意，得來不覺費工夫。
刻刻留心在腰間，腹內鬆靜氣騰然。
尾閭正中神貫頂，滿身輕利頂頭懸。
仔細留心向推求，屈伸開合聽自由。
入門引路須口授，功夫無息法自修。
若言體用何為準，意氣君來骨肉臣。
詳推用意終何在，益壽延年不老春。
歌兮歌兮百四十，字字真切義無遺。
若不向此推求去，枉費功夫貽嘆息。

（五）《打手歌》

掤捋擠按須認真，上下相隨人難進。
任他巨力來打我，牽動四兩撥千斤。
引進落空合即出，沾連黏隨不丟頂。
彼不動，己不動。彼微動，己先動。
勁似鬆非鬆，將展未展，勁斷意不斷。

下 篇
太 極 劍

第一節　劍的史話

　　劍是我國古代的一種短兵器，其歷史源遠流長。從出土文物推定，早在石器向銅器過渡的殷商時代，就有劍的使用。其構造型制，與今日之劍基本相似。因青銅質脆，所以劍身不長，僅有30公分左右，其性能以刺為主。

　　《晏子春秋》載：戟鈎其頸，劍承其心；曲兵鈎之，直兵推之。後在春秋戰國時代，諸侯爭霸興兵，因戰備的需求，促進了冶煉工業的發展，所以青銅劍的製作亦達到了頂峰。如出土的越王勾踐的銅劍，劍長56.2公分，此劍保存完好，十分鋒利。出土文物認定，最早的鐵劍應是從湖南長沙古墓中發現的春秋晚期的鐵劍。

　　梁江淹在《銅劍贊》序言中載：「古者以銅為兵……春秋迄於戰國，戰國至於秦，攻戰紛爭，兵革互興，銅即不克給。故以鐵足之，鑄銅即難，求鐵甚易，是故銅兵轉

少，鐵兵轉多。」鐵兵堅可延長劍身，以發揮劈砍作用。長沙出土的戰國鐵劍，一般接近或超過1公尺，其中最長的達1.4公尺，幾乎是青銅劍的三倍。銅鐵劍並存使用的歷史一直延續至漢代，漢武帝時推廣了煉鐵技術，遂使鐵兵取代了銅兵。由於鐵兵的延長，並在實踐中逐步發揮了它的功，故人們對它更加偏愛。

刀與劍本是同時代的產物，但因戰爭方式的不斷改變，其發展方向亦發生了差異。如由笨拙的車戰，發展為靈活快速的騎戰，則短兵相觸的大力砍殺，顯示出厚重的刀較輕薄的劍有較大的優勢，故劍逐步退出了戰爭的舞臺。然而正因為它是輕而靈便的利器，所以雖退出了血腥的戰場，卻沒有退出社會。這是因為劍是最常見的衛身、健身器械，所以深受上自帝王下至庶民的喜愛，甚至佩劍還成為王朝的習俗。《晉志》載：「承於春秋戰國佩劍習俗，至漢更為盛行。」漢代自天子至百官無不佩劍，並規定惟朝佩劍，已成為一種禮儀制度。

這一制度一直延續至晉時，開始用木劍代替鐵刀，成為一種裝飾品。上層人士還用金銀玉裝飾劍，底層人們則用玳瑁、蚌類裝飾。皇帝因其地位尊貴、權力至上，劍器也被賦予一種使命。如秦始皇的「定秦劍」、劉邦的「斬蛇起義劍」以及民間世代相傳的質好刃利的劍，被視為寶物，故有「寶劍」之稱。

劍術的學鬥，既能強健體魄，也是謀求生計的出路，所以自春秋戰國以來，劍術的發展久興而不衰。這些有武藝的平民被稱為「俠士」，他們常被諸侯招為門客，成為

爭霸的力量。平時鬥劍以提高武藝，成為「養必死之士」。「吳王好劍客、百姓多傷疤」就是真實的寫照。

透過劍術的學與鬥，也能在很大程度上提高俠士的劍術水準。傳統劍術的「四母劍：擊、刺、格、洗」就是在俠士們的劍鬥實踐中發展起來的。劍不僅是俠士、武將們偏愛的利器，也是文人學者、佛道之士以及廣大群　所推崇的有健體防身價值的運動項目。

《孔子家譜》記載「子路戎服見孔子，仗劍而舞曰：古之君子以劍自衛乎！」李白有詩云「少年學劍」「酒酣舞長劍」。杜甫曾對女子劍術家公孫氏舞劍有如下的描述：「昔有佳人公孫氏，一舞劍器動四方，觀者如山色沮喪，天地為之久低昂。」

在從石劍至銅劍，再從銅劍至鐵劍的幾千年發展過程中，劍體從一尺變為三尺，劍的文化在血與傷疤的實踐中，發展繼承，再發展再繼承，由最單純的「劍承其心」，由「四母劍」的過渡，發展為現在獨具特色的多種「套路運動」。套路可謂劍術攻防技擊之庫，而技擊則是劍文化的精髓。

第二節　劍的結構

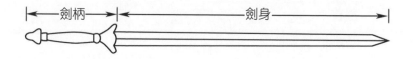

劍是由劍身和劍柄兩部分組成。

劍身：

根部較劍尖微寬厚，兩側為刃。中間隆起的部分為劍脊，終貫劍身。兩側的刃多數在後 1/3 處有一定的厚度（即無刃部分），用以格擋敵械。現在的劍既是欣賞之物，又是健身之器，故刃部不可鋒利，以免誤傷。如何選購稱心的劍器呢？

①劍的外形應如意。

②劍身輕重適當，用之能得心應手。

③長度：手反握劍柄，垂臂劍身緊貼肘部，劍尖應不低於耳輪上端。

④劍的重心應在柄前 10 公分之內。可握把做「點劍」動作，若手腕有沉重感（術語為「奪腕」），可謂頭重，久用易傷腕。

劍柄：

由劍格（護手）、劍柄和劍首（劍墩）組成。

劍格的形狀有兩種，一為桃形，前尖後寬，在運用中有滑洗敵械的作用。一為前寬後窄的漏斗形，在運用中有阻格敵械的作用。劍柄為手握劍的部分，從攻防意義來講，許多劍法多為雙手握柄使用，在套路的演練中，往往出現左手劍指，附於右腕或劍柄處，這種動作就表示雙手持劍的含意，所以劍柄的長度不可短於兩把之矩。

劍首：

為劍柄後端的突出部分，有防止用劍時滑脫的作用，亦有近身時墩擊敵身的作用。

此外，劍穗（亦稱劍袍）是劍的配件，可有可無，所

以不能把它看成有技擊含義的劍的組成部分。

第三節　劍的握法

握法與劍法息息相關。準確的劍法是以正確的握法為基礎的，而握法又是衡量劍法的主要標誌，所以握法也是練好劍術的重要因素。

握法在劍術中是多變的，尤其是腕關節，應有靈活度，能隨法而變，且在靈變中握劍要牢固。

拳式握法：

如握拳一樣將劍柄握住，虎口對準一刃（*此刃即為上刃*），拇指屈壓在食指上，前臂基本垂直於劍身。多用於上托、下壓、側格等劍法。（*如圖1*）

螺式握法：

握劍後，食指至小指依次向後斜握於劍柄，如同螺絲的斜紋。拇指屈壓在食指上，虎口對準上刃，腕關節微下屈，使前臂與劍身成一直線。多用於刺、劈、掃等劍法。（*如圖2*）

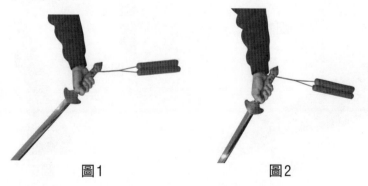

圖1　　　　　　　　圖2

鉗式握法：

用拇指、食指和虎口將劍柄鉗挾住，如同虎鉗挾物，拇指與食指儘量合攏，其餘三指自然扣附於劍柄。多用於雲、帶、抽等劍法。（如圖3）

墊式握法：

在螺式握法的基礎上，手臂內旋拇指前伸墊在劍柄的下面，以助劍力。多用於反撩劍。（如圖4）

劍指：

在劍術演練中，不持劍的手，需捏成「劍指」，古稱為「劍訣」。劍指的形式有二：一為合指式。食指、中指併攏伸直，其餘三指向手心彎曲，拇指屈壓在無名指上。（如圖5）二為開指式。食指、中指併攏伸直。拇指與其餘兩指向手心屈扣。（如圖6）

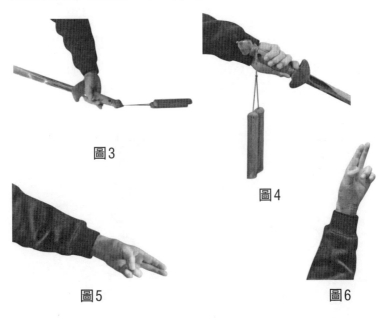

圖3

圖4

圖5

圖6

雙手持劍法：

① **抱劍式。**兩手用拳式握法，一前一後手心相對地握於劍柄，一般右手靠近劍格。多用於刺、劈、掃等劍法。

② **捧劍式。**兩手手心均向內，一上一下，用拳握式，握於劍柄，並捧於胸前。多用於格劍。

捯手劍法：即兩手交替換手用劍法。

① 右手持劍，左手劍指變掌，從右手虎口前握劍柄，同時右手鬆握，從後抽出，左手握劍後，順勢使劍。如點、刺等劍法。

② 右手持劍，鬆開中指後的其餘三指，左手拇指速從右手心處插入柄內握劍，同時右手鬆握，從後抽出，左手握劍後，順勢使劍。

此外，兩種方法還可混合使用，如右手用①左手用②，或反之。這樣兩手均有固定的握手部分，比用同一法有寬鬆感。

本書所介紹的太極劍有多處是用左手或雙手持劍。先師生前除套路練習外，還經常做一些左右捯手的散劍練習，目的是為訓練兩手都有熟練用劍的技能。

下面僅以「**捯手點劍**」為例說明練法：

右手螺式持劍，使劍斜置於體前，劍尖斜向前上，左手劍指附於右手腕處（格鬥前的預備式）。若有對手用劍點擊我右腕（因右腕距對手最近），我左手速前伸握劍前點回擊，收回右手。同時左腳向左前進步，右腳跟進，腳尖點地。接著，以同樣的設想做反向動作。要求動作到位，劍、身、步協調一致。這是左右手做同樣的劍法，以此類

推，在捯手法熟練的基礎上，還可以做兩手不同的劍法。

第四節　劍　法

劍法是運用劍器進行攻防的方法，它是隨著劍術的改進而發展的。古代將劍法概括為「擊、刺、格、洗」，可謂傳統之法或四母劍。擊、刺為進攻之法，格、洗為防守之法。即用劍刃向上下左右進攻為擊；用劍尖（包括劍峰）向前直推，或用劍峰向下向上啄擊為刺；用劍身向上下左右攔截敵械為格；用劍身順敵械進攻方向化減其力，或使其偏離進攻方向為洗。下面就將這四法擴展為具體而易於理解的劍法分別加以說明。

刺劍：

以立劍（刃上下）或平劍（左右）向劍尖方向用力推進為刺。著力點在劍尖，多用螺式握法。

劈劍：

以立劍由上而下用力下擊為劈，力達下刃中部，多用螺式握法。

撩劍：

以立劍由下向前，或向上用力掀擊為撩，力達刃前部，多用螺式握法。

掃劍：

以平劍向左或右揮劍平擺為掃。力達劍身。

抹劍：

以平劍用刃從左向右或從右向左，弧形抽拉為抹。勁力

較柔，力由劍身後向劍尖方向移動，多用拳式或螺式握法。

斬劍：

以平劍用下刃快速向左或向右平擊為斬，多用拳式或螺式握法。

削劍：以平劍用上刃由左下向右上斜劍揮擺為削（*右手劍*），多用螺式握法。

點劍：

以立劍用腕力使劍尖向下啄擊為點。力達劍峰，多用螺式握法。

崩劍：

以立劍用腕力使劍尖部分快速向上挑擊為崩。力達劍峰，多用拳式握法。

截劍：

以立劍或平劍向上下左右阻斷敵械的進攻為截，多用拳式或螺式握法。

抽劍：

以立劍（*刃上下*）由前向後上方或後下方拉回，以化減敵械的攻勢為抽。力點在兩械的黏接處，多用雙手持劍法。

帶劍：

以平劍由前向後拉回為帶。以化其攻勢，多用雙手持劍法。

掛劍：

以劍刃由前向後（*或反向*）勾移敵械為掛。有的稱左側為勾、右側為掛，著力點在劍刃，多用雙手持劍或拳式

握法。

雲劍：

以腕關節為軸心，使劍在頭頂或體側，按順向或逆向盤旋繞環為雲。雲劍時身體稍後仰或體向側傾，多用鉗式握法。

挽花：

使劍身立於體側貼近臂部，然後以腕關節為軸心，由前向上向後轉腕繞環，或反向繞環的動作為挽花（亦稱腕花）。挽花是劍法快速轉換的關鍵技術，多用鉗式握劍。

第五節　太極劍動作圖解

動作名稱

1. 起勢	2. 攬雀尾
3. 摟膝拗步（1、2、3）	4. 分劍七星
5. 臥虎擋門	6. 犀牛望月
7. 上步遮膝	8. 翻身劈劍
9. 擋門劍	10. 魁星提斗（倒掛金鐘）
11. 指襠劍	12. 揚鞭伏虎
13. 劈山奪劍	14. 白蛇吐信
15. 回身點	16. 沛公斬蛇
17. 反身提斗	18. 指襠劍
19. 樵夫問柴	20. 猿猴舒臂
21. 單臂索咽	22. 退步撩陰（1、2、3）

23. 擋門劍
24. 艄公搖櫓
25. 順水推舟
26. 眉中點赤
27. 退步翻身劈
28. 玉女投針
29. 退步連環掛
30. 進步連環
31. 擋門劍
32. 逆鱗刺
33. 反身提斗
34. 回馬鞭
35. 跳步栽劍
36. 天王托塔
37. 左右提鞭
38. 斜飛刺
39. 迎風撣塵
40. 白蛇吐信
41. 落花待掃
42. 撥雲見日
43. 白蛇吐信
44. 回身點
45. 雲照巫山
46. 風飄落葉(海底撈月)
47. 夜叉探海
48. 肘底劍
49. 左右掃千軍(上、中、下)
50. 靈貓捕鼠
51. 左右懷中抱月
52. 蜻蜓點水
53. 雲摩之舞
54. 左右臥魚
55. 反臂伐竹
56. 分手小雲摩
57. 鳳凰旋窩
58. 撥草尋蛇
59. 烏龍擺尾
60. 金雞點頭(下、中、上)
61. 轉身擒虎
62. 迎風撣塵
63. 白蛇吐信
64. 擋門劍
65. 鷂子穿林
66. 退步撩陰
67. 懸崖勒馬
68. 鈎掛連環
69. 收勢

圖1

圖2

太極劍圖解

1. 起 勢

【動作一】身體正直，兩腳分開與肩同寬，腳尖向前，面南而立。兩臂鬆垂於體側，左手反握劍柄，使劍脊緊貼小臂，劍尖向上，右手捏成劍指，頭正頸直，眼向前平視。（如圖1）

【動作二】兩腿徐徐下蹲，重心移於右腿，左腳向前（南）邁出一步，腳跟著地成左虛步。同時左手持劍與右手劍指一起向胸前緩緩提起，左小臂內旋（劍刀前後）平置於胸前，右手劍指附於左手背處，眼向前平視。（如圖2）

【要求】兩腿下蹲的幅度視下肢力量而定，一般以半蹲為宜。

2. 攬雀尾

【動作一】左腳內扣踏實，左腿屈膝半蹲且支撐體重，上體右轉90°（面向西），收右腳經左腳內側弧形向右前（西北）邁出一步，腳跟著地成右虛步。同時右手劍指順勢向前（西）伸出，指尖與肩同高，左手持劍臂外旋，將劍首

置於右手腕內側，身正頸直，目視
劍指。（如圖3）

　　【動作二】體稍左轉（面向西
南），同時右手劍指外旋，手心向
上，且屈肘內收，左手持劍，劍把
仍附右手腕。隨即重心前移，右腳
踏實成右弓步。同時右手劍指向前
（西南）伸出。接著體向右轉（步
型不變），右手劍指順勢向右畫弧
至右前方（西北）時，身向後坐，

圖3

重心移於左腿，右腳尖上翹成右虛步，同時屈右肘右手
（劍指）收至右肩前，左手隨之而動。體直頭正，目視右
手。（如圖4、5、6、7）

　　【動作三】體向左轉（西南），右腳稍內扣，重心前
移，右腳踏實成右弓步。同時右手向前（西南）推出，手

圖4

圖5

圖6

圖7

圖8

心向前，左手握劍隨右手而動，身直頭正，目視右手。（如圖8）

【要求】應以腰的轉動帶動手臂的動作，右手內收時，應微微含胸動作，運動中劍脊緊貼小臂劍刃不得觸及身體。

3.摟膝拗步

【動作一】右腳尖內扣，體向左轉（面向東），左腳稍向左移動，腳跟著地成左虛步。同時右手劍指下落至右胯旁，隨即提至右肩前，手心向裏，劍指向前。左手持劍（手心向裏）經腹前向左弧形摟至左腿外側。接著，屈左膝重心前移成左弓步，同時右手劍指向前推出，手指上翹與眼齊高，目視前方。（如圖

圖9

圖10

9、10）

【動作二】體微左轉，重心移於左腿，右腳向前邁出一步，腳跟著地成右虛步。同時右手劍指外旋，向左向下向右弧形摟至右腿外側，左手持劍在體側上提至左肩前。接著，屈右膝重心前移成右弓步，同時左手持劍向前伸出，手心向下劍首向前，目視前方。（如圖11）

圖11

【動作三】左腳向前邁出一步，再做左摟膝拗步（同動作一）。（如圖12）

【要求】動作要連貫協調。

圖12

圖14

圖13

4.分劍七星

【動作一】左腳尖內扣，體
向右轉（面南），右腳尖外撇，
左腿伸直，右腿屈膝成右順式弓
步。同時右手劍指向下向右向上
經腹前弧形移至身體右側，手心
向後，左手持劍向左側上舉，手
心向後。接著，收左腳於右腳內
側，腳尖點地成左虛步。同時兩
臂屈肘向胸前環抱，左手手心向前（劍刃上下），食指收
靠於中指，右手劍指變掌，手心向內，虎口向上緊握劍
柄，身正頭稍左轉，目視劍尖方向。（如圖13、14）

【動作二】步型不動，右手握劍，小臂內旋前伸，繼
而向右側揮臂平掃，左手捏成劍指，向左側伸展，手心向

圖15

下，目視劍尖。（如圖15）

【要求】右手握劍時，虎口對準一刃（上刃）。在套路的演練中，不論劍法如何變化，虎口與劍刃的位置不得變化。

【技擊含義】

①敵若持槍刺胸，我持劍手臂微下屈，使劍身斜向上，向右橫掃格擊，得勢後即可翻手回掃其手。

②亦可看成是格鬥前的亮劍式，以誘敵進攻的招式。

5.臥虎擋門

【動作一】左腳向前邁出一步，屈膝成左弓步。同時右手持劍，臂外旋在體側，向前下向上屈臂弧形上截，下刃向上，使劍橫置於體右前方，左手劍指亦弧形收置於右手腕內側，手心向下，目視劍尖方向。（如圖16）

【動作二】右手持劍在體前，向左立劍下按，使劍橫置於體前，左手劍指隨之而動。步型不變，體微前傾，目

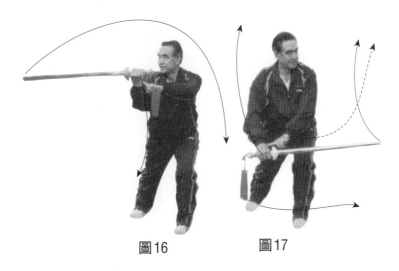

圖16　　　　　圖17

視前方。（如圖17）

【要求】上截著力點在劍的前部，下按力點在劍的中後部（意念）。

【技擊含義】

① 敵從右側用劍劈我手，我向前移步，在側身的同時向上托劍，以攔截其手（腕）。在實際運用中，右腳亦可隨之上步，劍身可稍向右斜。

② 敵又從正面用械向我入刺，我持劍下壓攔截，以斷其進路。

6.犀牛望月

【動作一】重心移於左腿，右腳在左腿後，向左側屈膝上翹。同時右手持劍，臂內旋在體前上舉，將劍托架於頭的前上方，下刃向上，左手劍指向劍尖方向上舉。體稍向右側傾斜，目視劍尖方向。（如圖18）

圖18

圖19

圖20

【要點】上托時左手劍指不可觸及劍刃，劍的著力點在劍身的後部。

【技擊含義】敵持械擊或刺我頭部，我可舉劍托架。左手靠近劍尖，是為在必要時用手掌平托劍脊，以增加抵抗力。

7.上步遮膝

【動作】右手持劍，臂外旋下截，左手劍指附右腕，以助其力。接著，體向右轉（西北），右腳向右前方邁出，腳尖點地成右虛步，左腳尖隨即內扣。同時持劍順下截之勢，隨轉體向右前方反臂撩出，下刃向上左手隨之而動，上體稍前傾。目視劍尖方向。（如圖19、20）

【要求】下截與反撩要連貫，並與轉體上步協調一致。

【技擊含義】

① 敵械從右側刺我腿部，我轉身持劍向下向右攔截，並順勢撩擊其手。

② 敵正面用械下刺我腿，我用劍下截，敵抽械，我上步黏械而撩其手。

圖21

8. 翻身劈劍

【動作】身向右後轉180°，左腳內扣，右腳向後（東南）撤一步，重心移於右腿並屈膝成右弓步。同時右手持劍屈臂上舉，順勢向右下掄劈，劍尖高與腰齊，左手劍指伸向左側，虎口向上，體稍前傾。目視劍尖方向。（如圖21、22）

圖22

【要求】轉身弓步與劈劍要協調連貫。

【技擊含義】敵從身後持械襲擊，我轉身移步避而劈之。

9.擋門劍

【動作】正身後坐，屈左腿收右腳於左腳前，腳尖點地成右虛步。同時

圖23

右手持劍，手臂外旋（手心向上），屈臂收帶至胸前，劍鋒向前（東），下刃向上，左手劍指收至右腕處。目視劍尖方向。（如圖23）

【要求】坐身與帶劍要協調一致。

【技擊含義】

① 敵械刺我胸，我即黏其械撤步帶回，以卸其力。（帶回的劍在運用中，可做成劍尖稍高的斜式）

② 此式亦可視為格鬥前的預備架勢，因劍居中，不論敵械從何處進攻，我都可從容應對。

10.魁星提斗（倒掛金鐘）

【動作一】體向右轉，左腿伸直，右腳跟內轉，屈右膝前弓。同時兩手持劍，隨轉身向右後下側攔截，右手心向上。繼而以右腳掌為軸，身體繼續右轉，左腳提起，隨轉身向右腳的左前方（西南）邁步，且屈膝成左弓步。同

圖24　　　　　　　　圖25

圖26

時右手持劍，向右向上再向左纏繞下截，將劍身平置於左膝前，劍刃上下，左手劍指隨右手而動。眼隨劍視。（如圖24、25）

【動作二】重心前移至左腿，提右腳至體前方（膝部外展，腳尖內扣），成左獨立步。同時右手持劍內旋上提，反手向前上撩起（下刃向上），左手劍指在撩劍時，伸向左下方，臂微屈，手心向下，劍指向右，體微前傾。目視劍尖方向。（如圖26）

【要點】劍的攔截與轉身要協調一致，下截與反撩要連貫，劍尖撩起的高度，以胸為準。

【技擊含義】敵持槍從身後刺我腿部，我急轉身用劍攔截。彼抽槍再刺，我順勢橫劍下截，隨即黏其槍杆，提劍撩擊其手。

11. 指襠劍

【動作】體微左轉，左膝稍屈，右腳前落，腳尖點地，成右虛步。同時右手持劍，順勢向前下方刺出，劍尖與襠腹部同高，左手劍指附右小臂，體微前傾。目視劍尖。（如圖 27）

【要求與技擊含義】此動與上式的反撩要連貫使用，即上撩後直取敵襠腹部。下刺時手臂伸直，臂劍一線並轉身，以充分發揮劍身的長度。

12. 揚鞭伏虎

【動作一】體微右轉，右腳向右前方（西北）移動半

圖27

圖28

步，並屈膝成右弓步。同時右手持劍，翹腕外旋，使劍尖向上向右順向繞弧攔截敵械，手心向下，劍身斜上，下刃向右，左手劍指隨右腕而動。眼隨劍而視。（如圖28）

【動作二】體向左轉，重心後移，提右腳成左獨立式。同時右手持劍，手臂外旋，手心向上，順勢向左揮臂平掃至左前方（西南），左手劍指隨之而動。接著，體向右轉，右腳回落原地成右弓步。同時右手持劍，屈肘使劍豎直（手心向內），迅速從胸前向右回拉格截，至右肩前外側，劍尖向上，上刃向右，左手劍指下伸至襠前，手心向前（指尖向下）。目視前方。（如圖29、30）

【要求】攔截、平掃和回拉格截要連貫，並與身步要協調。

【技擊含義】若敵持槍刺我喉部，我揮臂攔截，隨即黏杆平掃其手（即「揚鞭」）。彼軸槍復刺，我就勢收劍格擋之（即「伏虎」）。

13. 劈山奪劍

【動作】體微左轉，重心移於右腿，左腳向右腳的右前方（西北）邁出一步，腳尖點地成左虛步。同時右手持

圖29　　　　　　　　圖30

劍內旋（使下刃轉向前
方），並向左斜揮臂下
劈，手心向左前，左手劍
指合於右腕處，體微前
傾。目視劍尖方向。（如
圖31）

【要求】劍向左下
劈，步向右前邁，劍與身
步應協調一致。

【技擊含義】

圖31

①敵槍下刺，我揮
劍順其進攻方向斜力滑擊（此劍法稱為「洗」，又可黏沾
其械），給下面的反擊創造條件。

②若敵刺我胸部，或以短械刺來，我左腳向後叉步移
動（左偷步）以避其鋒，並下劈其手或械（稱為「奪劍」）。

圖32

14. 白蛇吐信

【動作】體微右轉，重心移於左腿，右腳向右前邁出一步，屈膝成右弓步。同時右手持劍，手型不變，向右前方揮臂、甩腕斜削，左手劍指向左後伸擺，手心斜向上，體微前傾。目視劍尖方向。（如圖32）

【要點】揮臂加甩腕，可使削出的劍增加速度，所以撩挑的結合更能發揮劍的性能。劍法與身法、步法協調更能顯出劍的威力。

【技擊含義】接上式，黏敵械，順杆削挑其手。

15. 回身點

【動作】右手持劍，手臂內旋，手心斜向下，使劍內收斜抱於體前，劍尖指向西南。接著，右腳尖內扣，體向左轉，左腳外展，伸右腿屈左膝成左弓步。同時右手持劍，手臂外旋（手心向上），向前（西南）平刺。左手劍指、經左側繞至頭的左上方，手心向前上。目視劍尖方向。（如圖33、34）

【要點】「點」即刺。劍的內收與前刺要連貫，刺與轉身弓步要協調一致。

圖33　　　　　　圖34

【技擊含義】敵若從身後襲擊，我轉身避而還擊，必要時還可動步。如敵上刺我頭部，我平刺可與敵械形成交叉點，可收到防中寓攻的效果。如敵下刺，我亦下刺還擊。

16.沛公斬蛇

【動作一】身向後坐（體微後仰），屈右膝伸左腿，左腳上翹。同時右手持劍內旋（手心向下），隨即翹腕挽花，使劍身在面前從左向右繞弧，左劍指附於右手背。目視劍尖方向。（如圖35）

【動作二】當劍身繞至右肩時，兩手向體側（左右）分開，隨即右手劍迅速旋腕向體前（東南）

圖35

圖36　　　　　　　　　　　圖37

下方斬擊，手心向上，劍尖與膝齊高（或稍低），左手劍指順勢收至劍柄處，手心向下。與此同時，重心前移，左腳踏實並屈膝，右腳向前邁出，腳尖著地成右虛步，上體微前傾。目視劍尖方向。（如圖36、37）

【要點】旋劍時，右手用鉗握法控制劍柄，使劍身在面前雲轉，下斬時變鉗把為螺把。雲劍用力要勻，下斬要迅速，動作與身步要協調一致。

【技擊含義】敵持槍上刺，我挽花格截，彼又抽槍下刺，我順勢下截（即斬蛇）。（過去武術界常把槍比喻為龍、蟒、蛇如槍譜有：「青龍入水」「怪蟒挺身」「白蛇弄風」等）。

17.反身提斗

【動作一】體稍右轉，右腳稍向前移，腳尖外撇且屈膝前弓。同時右手持劍，手型不變，順勢向身後攔截，左

圖38

手劍指向左上伸展。接著，重心移於右腿，並以右腳掌為軸，身體繼續右轉，提左腳繞右腿轉動後，在右腳的左前方（西南）落地，屈膝成左弓步。同時右手持劍，邊內旋邊向右向上向左再向下，逆向纏繞畫圓，纏繞時手腕亦隨之上翹（向右向上）和下屈（向左向下）。

　　此動作使劍尖所畫的圓，實際上是一個上下徑較長的橢圓。左手劍指在左腳移動時亦合於右手。眼隨劍尖而動。（如圖38、39）

圖39

圖40

【動作二】同第10式魁星提斗的動作二。（如圖40）

【要點】攔截、纏繞與提撩要連貫，並與身步協調一致。

【技擊含義】敵用槍從身後下刺，我轉身攔截。若敵順劍上撩，我黏其槍，纏繞並下壓，而後上提撩其手。

18. 指襠劍

動作同第11式。（如圖41）

圖41

19. 樵夫問柴

【動作】體向右轉
（左肩向西南），右腳
跟內轉屈膝前弓，左腿
伸直，成交叉步。同時
右手持劍外旋（手心向
上），右肘屈沉，將劍
收抱於體前，劍尖斜向
左前上方，左手劍指隨
右手而動，並將劍指按
在劍柄上（手心向下）。目視劍尖方向。（如圖42）

圖42

【要求】抱劍與轉身要協調，抱回的劍不可貼身。

【技擊含義】若敵持槍上刺，我斜身抱劍向右帶撥，
以卸其力。

20. 猿猴舒臂

【動作】左腳向左側（西南）邁出一步，屈膝成左弓
步。同時右手持劍內旋抬肘，向左側反劍（下刃向上）刺
出，左手劍指附於右手背，體微左傾，右臂舒展。目視劍
尖。（如圖43）

【要點】旋臂刺劍與弓步協調一致。

【技擊含義】接上式，我劍既將敵槍帶撥在外，隨即
黏其槍上步刺之。

圖43

21. 單臂索咽

【動作】右臂微屈，使劍稍向上扶托（劍型不變）。同時左腳內扣（向北），右腳提起，仰身向右翻轉，頭從臂下鑽過。接著，以左腳掌碾地上體繼續向右翻轉（轉180°），右腳向後（西南）落地，並屈膝成右弓步。同時右手持劍順勢內旋，向前平刺，虎口向上，左手劍指在翻轉時，隨右腕而動，刺劍時向左側平伸，在整個動作過程中，雙眼始終注視劍尖。（如圖44、45）

【要點】翻轉要圓活連貫，刺劍與身步協調一致。「翻轉」動作，應既有平臥時翻身的概念，又有站立時轉身的感覺。此動作如果做得規範，頭與支撐腿向進攻方向，應有一定的傾斜度，腰腿功越好，傾斜度越大。（筆者在照相時已年過古稀，不能較好地完成這一動作）

【技擊含義】若敵用槍械向我頭部橫掃，我即用劍扶

圖44

圖45

托，使其槍從頭上滑過，同時翻轉進身刺其咽喉或身體。

22.退步撩陰

【動作一】體微左轉，重心向左腿移動，右腿從左腿前向左側（東北）橫跨一步，屈膝成右交叉步。同時右手握劍外旋屈臂，將劍斜帶（抱）於體前，手心向裏，左手劍指收至劍柄內側。接著，體微右轉，左腳向左後方（東北）退一步，右腳跟內轉成右弓步。同時右手握劍，循向左向下向右前下方反撩，劍尖與襠腹部齊高，拇指側向下，左手劍指擺至左後側，拇指側亦向下。體微向右側傾，目視劍尖方向。（如圖46、47）

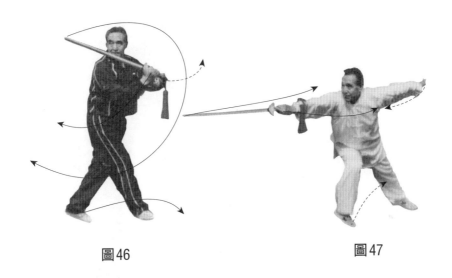

圖46　　　　　　　　　　圖47

【動作二】重複上動，右交叉步帶劍，右弓步反撩劍。

【動作三】體微左轉，重心左移，提右腳至左腿內側，成左獨立式，同時右手握劍斜帶至胸前。隨即，體微右轉，右腳落至原處，右手握劍向右下側反撩。體向右側傾，目視劍尖。（如圖48、49）

圖48

【要點】此式連做三遍，撩陰即撩襠，帶回的劍應劍尖高於劍柄，劍身不可緊貼身體。帶與撩要連貫，並與步法、轉身協調一致，撩出的劍與襠腹部齊高。

【技擊含義】若敵械上刺，我退步抽帶之，以挪其

位，卸其力，隨速反撩之，
名曰「撩陰」，實則手與身
均在撩擊範圍。

圖49

23. 擋門劍

動作同第9式（略）。
（如圖50）

24. 艄公搖櫓

【動作一】體微右轉，
右腳向前邁出半步，屈膝成
右弓步。同時雙手握劍（左
手握在右手後），右手手心
向上，向右腿外掛撥，劍尖
斜下，劍刃前後。身正，目視前方。（如圖51）

圖50

【動作二】體向左轉，重心前移，左腳向前（西南）
邁出一步，屈膝成左弓步。同時兩手持劍向左斜上方弧線
帶撥至左腰側，手型不變，劍身斜上，劍尖與眼齊高且稍
偏右。身正，目視劍尖方向。（如圖52）

【要點】右掛左撥（右下左上）與轉身上步協調一致。

圖51　　　　　　　　　圖52

【技擊含義】敵下刺我腿，我進步掛撥，敵又上刺我胸，我轉身進步帶撥。

25. 順水推舟

【動作】右腳向前邁進，並屈膝成右弓步，同時右手持劍，劍型不變（保持上式的劍身斜上，劍尖稍偏右的架勢）順勢向前推刺，左手劍指向身體左側伸展（手心斜上）。體稍前傾，目視劍尖。（如圖53）

圖53

【要點】推與進身要協調一致。

【技擊含義】接上式，當我帶撥敵械後，順兩械的交點（黏著點）向彼推進，在推進中，可將敵械擠偏，而我的劍尖，則可刺向敵身。在推刺中，要緊黏敵械。運用中可雙手推劍。

26. 眉中點赤

【動作一】體微右轉，右手持劍內旋（手心向下），用下刃向右前方攔截。接著，身向後坐，左腳收回，同時右手劍外旋纏繞（手心向下），並循向下向左的弧線掛帶，左手劍指收至劍柄。待劍接近身體時，急速用力向左甩動，並隨甩動之餘勢，右手內旋翹腕（手心向下），將劍斜抱於左胸前，左手劍指隨之而動。同時右腳稍提，左腳蹬地跳起，做原地「換跳步」。身正，眼隨劍動。（如圖54、55、56）

圖54　　　　圖55　　　　　　圖56

圖57

【動作二】左腳前（南）落，並屈膝成左弓步。同時右手持劍向右前點出，劍尖與眉齊高，左手劍指舉至頭的左前上方。身正，目視劍尖方向。（如圖57）

【要點】旋臂轉腕，纏繞下撥勁力要柔和，以體現太極劍沾黏連隨的特點。甩動、點劍要快速完成，換跳要輕捷，它可急速移動步伐，並要與劍法協調一致。

【技擊含義】敵槍上部襲來，我用劍攔截。敵又攻下，我沾黏纏隨，並順勢向左掛帶甩撥其械，速進步點擊之。

27. 退步翻身劈

【動作一】體向右後轉180°，重心移於右腿（腳跟內轉），左腳向右腿後插一步成左交叉步，繼而重心又移於左腿，右腳提起，屈膝向右前方（東北）擺動。同時雙手握劍（左手在右手後），向右後下方攔截（右手心和上）後，順勢擺至體右側，手型不變，臂微屈。身正，目視前方。（如圖58、59）

【動作二】右腳前（東北）落，成右弓步，同時雙手持劍，以腕為軸，在體右側向後向上繞圓（挽花），掄臂

圖58

圖59

向前下劈。順下劈之勢重心稍後移，將劍收拉至腹前，手型不變。接著，右腿再前弓，右手持劍向前平刺（虎口向上），左劍指伸向左側。身微前傾，目視前方。（如圖60、61、62）

圖60

圖61

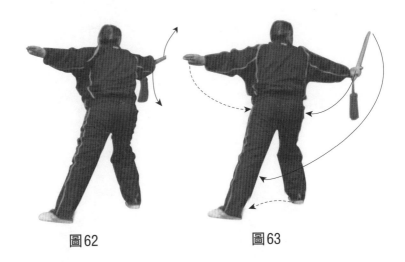

圖62　　　　　　　　圖63

圖64

【要點】劍法（攔截、掄劈、前刺）與步法要連貫，並與轉身相協調。

【技擊含義】若敵槍從後下攻擊，我轉身用劍掛截。敵又抽槍上刺，我順勢掄劍下劈，隨即刺其身手。

28.玉女投針

【動作一】體微右轉，右手持劍內旋（手心向下），用劍的下刃向右前攔截，接著，身向後坐，收回右腳。同時右手劍外旋纏繞，循向下向左的弧線掛帶（敵械），當掛帶至體前時，急速用力向左甩動，左手收握劍柄以助力。身正，眼隨劍動。（如圖63、64）

【動作二】左腳蹬地跳起，右腳向左（北）跨跳一步，腳尖外展著地，左腿屈膝收至右腿內側，成右獨立式。

圖65　　　　　　　圖66　　　　　　圖66正面

同時，體向右轉90°（左肩向北），右手持劍內旋與左手劍指均平收至胸前（手心都向下），且屈肘外展（將劍橫置於胸前，「隱藏」在左臂下，劍尖向左）。接著，左腳向左側落地，屈膝成左順式步，右手持劍，順勢從左肘下向左點刺。身正頭左轉，目視左側。（如圖65、66）

【要點】動作一與「眉中點赤」的動作一相同。劍收至胸前時，兩肘要向兩側擴展，但劍刃不可觸身，點刺即稍推劍的短刺。

【技擊含義】敵槍上部襲來，我用劍攔截。敵欲攻下，我沾黏纏隨，順勢向左撥甩其械，躍步進身，先用肘頂擊其身，隨即點刺之。

29. 退步連環掛

【動作一】重心移於右腿，收左腳於右腿的後面，腳尖向下（過渡步法）。同時右手持劍，手臂外旋（手心向

圖67

上）且屈腕，順體右側向下反臂掛劍，左手手心向下亦握於劍柄的後部。身正，眼視前正方。（如圖67）

【動作二】（上動不停）右腳蹬地跳起，左腳落地（換跳步），隨即右腳向後（西南）撤退一步，腳尖外展並屈膝下蹲，成半仆步。同時雙手握劍，順反掛之勢，在體右側以腕為軸向後向上繞立圓向前（東北）下劈。接著，體向右轉（面向西南），右腳跟內轉，重心移於右腿，提左腳於右腿前，成右獨立式。

同時右手持劍順下仆之勢，向前提撩（虎口向前下），劍尖高與胸齊，左手鬆把變成劍指，屈臂抱於胸前，手心向下。身正，目視前方。（如圖68、69、70）

圖68

【要點】劍法、步法要連貫，並與手法協調一致。

【技擊含義】敵用槍下刺，我退步反掛上刃，敵抽槍再刺，我順勢退步，轉身由身後向前再掛（下刃），兩掛相連故名「連環掛」。在套路中因有半仆步式，故劍法有向下劈的動作，其實在運用中只退步，就會顯現出掛的意念了。可參看68式「鈎掛

圖69

圖70

連環」的後兩動。

30. 進步連環

【動作】左腳前（西南）落，腳尖外展，體左轉成交叉步。同時右手持劍，向左腿外側下掛，左手劍指不動。接著，右腳向前邁出一步，成右弓步。同時右手持劍，手臂內旋，順勢向前輪劈，劍身平，刃上下，左手劍指經腹前擺至左後側，拇指側向上。身微前傾，目視劍尖方向。（如圖71、72）

圖71

【要點】掛與劈連貫，並與身法、步法相協調。

【技擊含義】敵用槍攻擊下部，下掛後上步劈之。

圖72

31.擋門劍

【動作】體後坐屈左腿，右腳收回半步，腳尖點地成右虛步。同時右手持劍，手臂外旋，手心向上，屈臂收至胸前，劍身平，刃上下，左手劍指收至右手腕處，手心向下。身正，目視劍尖。（如圖73）

【要點和技擊含義】同前。

32.逆鱗刺

圖73

【動作】體右轉，右腳向前邁進半步（腳尖外展），屈膝成右弓步。同時左手在右手後握柄（雙手握劍），順右腿外側向後反刺，劍身平，刃上下。體微前傾，目視劍尖方向。（如圖74）

【要點】身向前移，劍向後刺，刺劍與轉身、上步要協調一致。

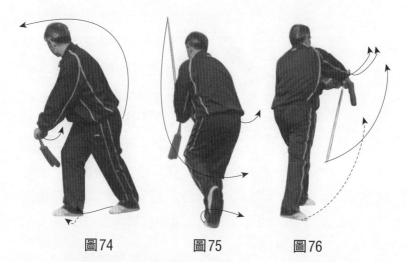

圖74　　　圖75　　　圖76

【技擊含義】敵槍從後下刺，我
進步避之，並用平刺之劍將敵械截挪
於外（敵械斜向下，而我劍平，可與
敵械交叉，故而可截）。

33.反身提斗

【動作】以右腳掌為軸，體向右
後轉(面向東北)，左腳提起，隨轉身
繞至右腳的左前方落地，屈膝成左弓
步。同時右手持劍，右臂屈肘外旋，

圖77

向左肩外側掛劍，左手劍指，隨劍柄而動。接著，重心移
至左腿，右腳向前提起，膝稍外展，成左獨立式。同時右
手持劍，順掛劍之勢，向下向前上反臂(虎口向下)撩劍，
劍尖斜向前下方，高與胸齊，左手劍指，伸向左下方，臂
微屈，手心向下。身正，目視前方。(如圖75、76、77)

圖78

【要點】上掛與轉身邁步，撩劍與提腿要協調一致。提撩時臂要向前送，不可向後拉。

【技擊含義】敵以槍上刺，我掛之，並順勢壓纏其槍，在壓纏中，劍由內繞至外，然後提撩其手。

34. 回馬鞭

【動作】體向右後轉，左獨立式不變。同時右手持劍，向右後（西南）揮臂掄劈，劍與肩平，虎口向上。左手劍指上舉至頭的左上方，手心向前上。身正，目視劍尖方向。（如圖78）

【要點】轉身與劈劍要協調。

【技擊含義】敵械從身後襲來，我急轉身掄劈之（劈砸其械，或橫截其械）。

35. 跳步栽劍

【動作】左腳蹬地跳起，身向右後轉，右腳外轉，在左腳處落地（換跳步）。同時右手持劍，手臂外旋屈腕，向右下掛劍，並順勢做逆向挽花，使劍在臂外側繞一立圓。在繞圓時，以右腳掌為軸，身體繼續右轉，左腳向右腳前（西南）落地。隨之右手劍順繞圓之勢向前下方反劍

圖79　　　　　　　　　　圖80

（虎口向下）刺出，同時左膝前弓。身體稍向左傾，左劍指仍隨右腕而動，目視劍尖方向。（如圖79、80）

【要點】持劍、挽花與刺劍要連貫，並與轉身步法相協調。

【技擊含義】敵槍刺我左腿，我在換跳閃避中用劍掛其械。敵又抽槍上刺，我順勢挽花（快速繞圓回劍），進步用栽劍截而刺之。因敵平刺時，我用栽劍（向前下）既可攔截敵械於外，又可刺擊其身。

36.天王托塔

【動作】以左腳掌為軸，體向左轉，右腳向前（西南）移步，步型不變仍為左弓步。同時右手持劍，沉臂從左腿前向左（東）上挑劍，劍尖與頭齊高，左手劍指隨右腕而動。接著，內旋屈臂，從體前向右側斜劍掛帶，成立劍抱於體右側，手心向前，左手劍指仍隨右手移動。同時身向右轉，重心移於右腿，屈膝半蹲，左腳收至右腳內側，

圖81　　　　　　　　　　　　　圖82

腳尖點地成左虛步。身正，目視左前方。（如圖81、82）

　【要點】上挑與掛帶要連貫，並與轉身、步法相協調。

　【技擊含義】敵械從左後方攻擊，我轉身移步以避之，並用劍挑其手臂和掛帶其械。

37.左右提鞭

　【動作一】體微左轉，左腳向左前（東北）移動半步，屈膝成左弓步。同時左手劍指外旋經腹前向左前方擺出，右手持劍向右下擺動。接著，以左腳掌為軸，身體繼續左轉，右腳向前（東北）邁進一步，屈膝成右弓步。同時左手劍指內旋，經上方弧形擺至體左側，右手持劍經體側向前撩出，手心向上（下刃向上）。體微前傾，目視劍尖方向。（如圖83、84）

　【動作二】重心移至左腿，屈膝半蹲，收右腳至左腳

圖83

圖84　　　　　　　　　　　　圖85

內側，腳尖點地，成右虛步。同時右手持劍，屈臂收帶至
體左側，手心向裏，劍身垂直，刃左右，左劍指下落變掌
翹腕，兩掌心相對，右手將劍交付左手成劍指。身正，目
視右側。（如圖85）

　　【動作三】體微右轉，右腳向右前（東南）移動半
步，屈膝成右弓步。同時右手劍指外旋經腹前向右前方擺

出，左手持劍向右下擺動。接著，以右腳掌為軸，體向右轉，左腳向前（東南）邁進一步，屈膝成左弓步。

　　同時右手劍指內旋，經上方弧形擺至體右側，虎口向上，左手持劍，經體側向前撩出，手心向上（下刃向上）。體微前傾，目視劍尖方向。（如圖86、87）

圖86

圖87

【動作四】重心移於右腿，並屈膝半蹲，收左腳於右腳內側，腳尖點地成左虛步。同時左手持劍屈臂收帶至體右側，手心向裏，劍身垂直，刃左右，右劍指變掌，兩手心相對，將劍交付於右手，左手成劍指。身正，目視左側。（如圖82）

【動作五】同動作一，只是左右腳向正東邁步。（如圖83、88）

【要點】前撩之劍，經過身體的垂直面時要屈腕，使劍與臂構成一個角度，之後再伸直手腕。這樣一方面可避免劍鋒觸地，另一方面在伸腕時可加快劍的運動速度。

【技擊含義】敵械從左側（或右側）襲擊，我動步移位以避之，並上步用劍撩其身手。敵再刺，我收步掛帶以卸其力。撩劍前先出劍指有兩意：

① 若敵以槍刺，我動步之際用手捕抓其槍。

② 我出空手，以誘敵進攻。

圖88

38.斜飛刺

【動作】體微左轉，重心移至左腿，右腿伸直成順式步。同時右手持劍，翹腕沉臂收至右胯旁，並向內繞旋挽花，使劍從肩後經肩外側，向肩前雲繞攔截，左手劍指收回，與右腕相合，手心向下，體向左傾。接著，重心右移，變順勢步為馬步，同時右手持劍，手腕下壓，手心向下，向右側展臂平掃，左手劍指亦向左側伸展，手心向下。身正，目視劍尖方向。（如圖89、90）

圖89

圖90

【要點】手腕要靈活，握把應有變化，挽花與平掃要連貫，並與身步相協調。

【技擊含義】敵上刺我身，我閃身雲截，並順勢黏隨其械而豁掃其身手。

39.迎風撣塵

【動作】體微右轉，重心移於左腿，右腳收回半步，腳跟稍提成右虛步。同時右手持劍，手腕上翹，臂下沉並外旋，使劍在體側，從前上向後逆向繞旋挽花，左臂微屈，稍向上移。接著，體微左轉，右腳稍收，右臂順勢外旋，向右腿前下砍，手心向右前，左手劍指收合於右腕。體稍前傾，目視劍尖方向。（如圖91、92）

【要點】劍的繞旋要柔和，下砍要迅速，整個動作要連貫協調。

【技擊含義】敵械上刺，我閃身雲截，敵又下刺，我

圖91　　　　　　圖92

順勢向下砍截。

40. 白蛇吐信

【動作】右腳向前（東）邁進，屈膝成右弓步。同時右手握劍（手型不變），向前（東）上揮臂斜削，劍尖與肩齊高，左手劍指向左側伸展，拇指側向上，體稍前傾，眼視劍尖。（如圖93）

【要點】斜削與身步相協調。

【技擊含義】接上式，我下截其械後，順勢黏其械向上撩削其手。

41. 落花待掃

【動作一】體向左轉，重心移於左腿並屈膝，右腳向左腿後（東南）退一步，成左弓步。同時右手持劍外旋（手心向上），使劍刃轉平，向左揮臂平掃至正前（北）

圖93

圖94　　　　圖94正面　　　　圖95

方，左手劍指收合於右腕（手心向下）。

　　接著，身向後坐，並以兩腳掌為軸，向右後轉體（面向東南），屈右膝成右弓步。同時右手持劍順勢內旋帶劍，並向前（東南）伸臂，使劍平置於左臂外側。左手劍指仍隨右腕、左肘下垂。身正，目視前方。（如圖94、95）

　　【動作二】重心前移至右腿，提左腳向前蹬出，右臂微屈。接著，右腳蹬地跳起，左腳前落（換跳步），隨即右腳向前邁出成右弓步。同時右手持劍伸臂，用劍首前戳，左手附右腕，以助其勢。身正，目視前方。（如圖96、97、98）

　　【要點】劍法、腿法與步法要連貫協調。

圖96

圖97　　　　　　　　　圖98

【技擊含義】敵械上刺，我移步閃避，並用向上斜翹的劍法掃而帶之，使其攻勢落空，可謂「落花」（練時劍平，用時劍尖斜向上，說明技法含而不露），但未回劍平掃還擊，可謂「待掃」。

42. 撥雲見日

圖99

【動作一】體微右轉，左腳向左前（東南）邁出一步，腳尖著地成左虛步。同時右手持劍，外旋轉腕，使劍循向上向右向下之弧線，在體前挽花下截，手心向前，左手隨右手而動。體微前傾，目視劍尖方向。（如圖99）

【動作二】體向右轉90°（左肩向東南），重心前移至左腿，並蹬地跳起，右腳向前小跨一步（腳尖外展落地），左腳提至右腿內側，成右獨立步。同時右手持劍，內旋上提至頭的左前上方，向左外格，虎口向斜下，左手劍指仍隨之而動。接著，體向左轉90°，左腳前（東南）落，腳尖點地成左虛步。

同時右手持劍，手臂外旋轉腕，使劍循向左向上向右下的弧線挽花下砍，左手隨右手而動。體微前傾，目視劍尖。（如圖100、101）

【要點】劍法與身、步法應協調，外格之劍一定要與側身相配合，並使劍身盡力向左格擋，以達護身作用。

【技擊含義】敵持槍下刺，我揮劍下截。敵抽槍上刺，我轉身閃避之時，提劍向外格擋。敵又抽槍下攻，我順勢挽花下截之。

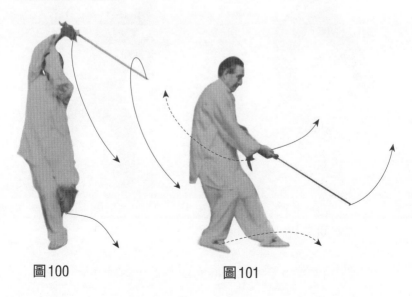

圖100　　　　　　　　圖101

43. 白蛇吐信

動作同第40式,唯
進步與削劍方向是東
南。(如圖102)

圖102

圖103

圖104

44. 回身點

動作同第15式。唯方向向西北。(如圖103、104)

45.雲照巫山

【動作】身向後坐，重心移至右腿，提左腳於右腿前，成右獨立式。同時兩手握劍（右上左下），手心向裏，屈肘抱於體前，劍尖向上，劍刃左右。身正，目視前方。（如圖105）

【要點】抱劍時要劍脊對身（刃左右），並與腿法協調。

【技擊含義】敵以械橫擊，我躲不及，可抱劍格擋。若擊力大，可仰劍讓其（敵械）向上向後滑過。

46.風飄落葉（海底撈月）

【動作一】左腳前落，重心前移，右腳提起（過渡式）。同時兩手握劍伸臂翹腕，使劍在下壓同時向前下刺出。身正，目視劍尖方向。（如圖106）

圖105

圖106

【動作二】左腳蹬地跳起，右腳向前跨步，左腳提至右腿旁（過渡式），同時兩手握劍，在跨跳時再捧劍於胸前。

接著，左腳在右腳前落地，腳尖外展，兩腿屈膝下蹲，右腳跟提起，臀部坐其上，成歇步。同時兩手握劍稍上舉，伸臂翹腕，使劍在下壓同時向前下刺出。身正，目視劍尖方向。（如圖107、108）

【要點】步法要連貫，即從左腳落地至歇步，中間無停頓。劍的壓刺與捧起，需與伸臂翹腕、屈臂屈腕相協調，使動作既柔和又連貫，好似落葉飄蕩之狀。劍的壓刺與左腳配合一致。

【技擊含義】敵械橫擊，我捧劍格擋，並黏其械推而抗之，然後突然以交點為軸，翹柄向前下刺之。

圖107

圖108

47. 夜叉探海

【動作】起立，重心移至左腿，膝稍屈，右腳向前（西北）邁一步，腳跟著地成右虛步。同時兩手握劍，沉臂使劍捧於胸前。

接著，體向左轉，重心移至右腿，左腿屈膝高抬，左腳收至右膝旁，成右獨立式。同時右手持劍，臂向右前上伸，手腕上翹，手心向上，從而使劍尖循向上向前下的弧線探刺。左手鬆握成劍指，側舉至頭的左上方，臂微屈，手心向上。體微右傾，目視劍尖方向。（如圖109、110）

【要點】劍法與身、步法協調一致。

【技擊含義】參看上式。

圖109

圖110

48. 肘底劍

【動作】體微左轉，左腳在右腳前（南）落地，腳尖外撇。同時右手持劍，手臂內旋（手心向下），手腕內收，將劍平置於體前，左手劍指基本不動。接著，重心移於左腿，並以左腳掌為軸向左轉體180°（面向北），提右腳收至左腳旁，腳尖點地成丁字步。同時右手持劍，順轉體之勢從左肘下向左穿刺，隨即手臂外旋（手心向後），立劍抱於體側，劍尖向上，刃左右，左手劍指在劍豎直後，外旋從胸前收回，在右手下握劍柄。身正，目視前方。（如圖111、112、113）

【要點】轉身與穿刺要一致，劍身與身體保持一定的距離，不可觸身。

【技擊含義】敵械從身後刺來，我在轉身躲避中，用

圖111　　　　圖112　　　　圖113

劍還刺或格截之。

49.左右掃千軍

【**動作一**】體向右轉90°，右腳向前（東）邁一步，左腳尖內扣，伸左腿屈右膝成右弓步。同時兩手握劍（**右手心向下**），順勢向右平掃，劍與肩平。接著，體微右轉，左腳向前（東）邁出一步，屈膝成左弓步。同時兩手持劍，右手臂外旋（**左手臂隨之**），屈肘向下向後向上在體右側繞立圓，向前（東）下劈。身正，目視前方。（**如圖114、115、116**）

圖114

圖115

圖116

【動作二】體向右轉90°，收提右腳於左腿內側，成左
獨立式。同時兩手握劍順下劈之勢，右手臂外旋，反劍向
右向下向後掛劍，隨即收抱於體右側，劍尖向上、刃左
右。右腳在掛劍後落於原地，並屈膝支持體重，左腳收靠
於右腳內側，腳尖點地成左虛步。身正，眼隨劍走。（如
圖117、118）

圖117

圖118

【**動作三**】體向左轉90°，左腳向左前（東）邁一步，右腳尖內扣，伸右腿屈左膝成左弓步。同時兩手握劍（**右手心向上**），順勢向左平掃，劍與腰齊高，接著，體微左轉，右腳向前邁一步，屈膝成右弓步。同時兩手持劍，左手臂外旋（**右手臂隨之**），屈肘向下向後向上在體左側繞立圓，向前（東）下劈。身正，目視前方。（如圖119、120）

【**動作四**】體向左轉90° 收提左腳於右腿內側，成右獨立式。同時兩手握劍，順下劈之勢，左手臂外旋，反劍

圖119

圖120

向左向下向後掛劍，隨即收抱於體左側。左腳在掛劍後落於原地，並屈膝支撐體重，右腳收靠於左腳內側，腳尖著地成右虛步。身正，眼隨劍走。（如圖121，並參看113）

【動作五】同動作一、二。唯向右掃劍時，劍的高度與膝齊。（如圖122，參看118）

【要點】此式動作共有三組，每組由掃、劈、掛三劍組成，演練時劍法應清晰，動作要連貫。三組不同處是掃劍的高度。第一掃與肩齊高；第二掃與腰齊高；第三掃與膝齊高。故分「掃千軍」上、中、下三劍（組）。劍法應與身、步法協調一致。

【技擊含義】若敵從側攻擊，我根據其攻擊部位的高低，而橫掃（橫截）之。敵躲閃後又攻下，我下掛後掄劍劈之。有敵從後攻下，我提腿掛截其械，意在隻身防數敵攻擊。故需劍法熟練，身、步法靈活。

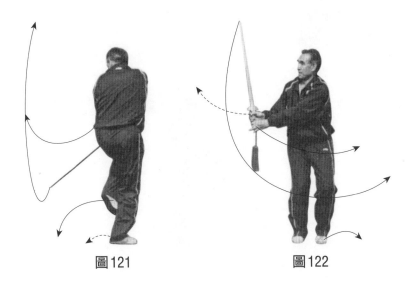

圖121　　　　　　　　圖122

50.靈貓捕鼠

【**動作一**】左腳向左後側（東北）出半步，並屈膝支撐身體，右腳向左腿後插出一步，腳掌著地，成右叉步。同時左手握劍，手心向上，向左前（東北）下方攔截，右手成劍指，伸向右斜上方，手心向上。身正，眼視劍尖方向。（如圖123、124）

圖123

圖124

【動作二】重心移至右腿，腳跟外轉，隨即體向左轉，左腿屈膝提起。同時左手持劍，順勢在體前向左向上向右纏繞。當劍繞至右肩前，隨即手臂內旋（手心向下），向左前方推劍斜削，右手劍指收至左手背，以助其力。同時左腳向左前落地，成左弓步。體微前傾，眼隨劍視。（如圖125、126）

【要點】劍法（攔、纏、推）要連貫，纏要柔和，推要快速有力，並與轉身、步法相協調。此動作是用左手單獨完成的，以下還有一些動作也如此。所以要求練習者用左右手做同樣的劍法，既可促進均衡鍛鍊，又可全面提高劍術水準。

【技擊含義】敵槍向我左下入刺，我左手持劍攔截，敵順劍向上襲擊，我黏纏其械周旋尋機，當纏繞過身體中線時，我順其械向下向前迅速推劍掃擊其頸（或手）。

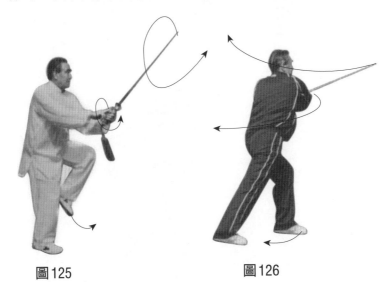

圖125　　　　　　　　圖126

51. 左右懷中抱月

【動作一】以右腳掌為軸，體向右轉，並坐身於右腿，左腳收回腳尖點地成左虛步。同時兩手握劍（左手在下），成立劍收抱於體右側，手心向後（刃左右）。

圖127

接著，以兩腳掌為軸，向左轉體180°，屈左膝伸右腿，成右交叉步。同時雙手握劍，隨轉身用劍脊向左抽帶，劍身斜置於體前，劍尖與眼齊高。隨即右腳向右（東）側邁步，屈膝成右弓步。同時兩手握劍，劍型不變，順勢向右側平刺，劍與肩同高。體微傾，目視劍尖方向。（如圖 127、128、129）

圖128　　　　　圖129

【動作三】重心移至左腿，並屈膝，右腳收回腳尖點地，成右虛步。同時兩手握劍成立劍收抱於體左側，手心向後（刃左右）。

接著，以兩腳掌為軸，向右轉體180°，屈右膝伸左腿，成左交叉步。同時兩手握劍，隨轉身用劍脊向右抽帶，劍身斜置於體前，劍尖與眼齊高，隨即左腳向左（東）側邁步，屈膝成左弓步。同時兩手握劍，劍型不變，順勢向左側平刺，劍與肩同高。體微傾，目視劍尖方向。（如圖130、131、132）

【要點】抽帶與轉身，前刺與弓步協調一致。抽帶與前刺要連貫。

【技擊含義】敵械從左（右）側刺擊，我轉身用劍抽帶，隨即上步刺之。

圖130

圖131

圖132

圖133　　　　圖134

52. 蜻蜓點水

【動作一】體微右轉，左腿微伸，右腳收提。同時右手持劍，手臂外旋（手心向上），向右下方攔截，左手劍指向左上方伸展，手心向上。接著，右臂微屈，順攔截之勢向右後挽花旋轉，左手臂微屈上舉。身正，眼隨劍視。（如圖 133、134）

圖135

【動作二】體微右轉，左腳蹬地跳起，右腳下落（換跳步），隨即左腳前落，腳尖點地成左虛步。同時右手持劍順旋轉之勢在體前下點，劍尖高與膝齊，左手收至劍柄，以助其力。身正，目視劍尖方向。（如圖135）

【要點】提截與下點用挽花相連接，換跳步要輕靈，並與劍法相協調。

【技擊含義】敵械從後刺我腿，我轉身攔截，順勢點擊之。

53.雲摩之舞

【動作】提左腳，隨即向右前（西北）方邁一步，屈膝成左弓步。同時右手持劍，手臂外旋，手心向裏（下刃向上），屈臂向體左後掛劍，左手撫柄以助其力。隨即順勢挽花繞圓，向右前反劍撩出（虎口向下），左手劍指收至右腕。上體前傾，目視劍尖方向。（如圖136、137）

【要點】掛劍與前撩要連貫，挽花手腕要靈活。掛劍時體微左轉，撩劍時再右轉，劍法與身步要協調一致。

【技擊含義】敵以械上刺，我上掛，並黏隨而撩擊之。

圖136　　　　　　　　　　圖137

54. 左右臥魚

【動作一】體微左轉，重心移於左腿，右腳提起。同時右手持劍屈腕，順左腿外側鈎提，左手劍指隨右手而動。接著上體繼續左轉，左腳蹬地跳起，右腳向前（西北）跨出一步（腳尖內扣），屈膝支撐身體，左腳隨即從右腿後插出一步，腳尖點地，成左交叉步。同時右手持劍，順鈎掛之勢，臂內旋上舉向前（西北）向下掄劈，左手劍指上舉至頭的左前上方，手心斜上。身正，目視劍尖方向。（如圖138、139、140）

圖138

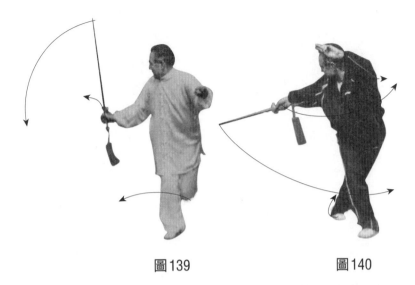

圖139　　　　　　　　圖140

【動作二】以兩腳掌為軸，體向左後轉180°，同時右手將劍抽帶至體前交於左手。接著左腳提起，右腳蹬地起跳，左腳向左側（西北）跨出一步，並屈膝支撐身體，右腳從左腿後插出一步，腳尖著地成右交叉步。同時左手握劍，順跨跳之勢，上舉向左側掄劈，右手成劍指舉至頭的右前上方，手心斜上。身正，目視劍尖方向。（如圖141、142）

【要點】跨跳步不可太大，並與掄劈協調一致，抽帶交劍與掄劈要連貫。

【技擊含義】敵械下刺，我鈎掛後，跨步進身劈之。敵又下刺，我抽帶轉身跨步再劈之。

55.反臂伐竹

【動作】左手持劍，手臂外旋（手心向上），屈臂抽帶，右手下落至體前握劍（左手交劍於右手）。隨即，以

圖141　　　　　　　　圖142

圖143　　　　　　　　圖144

兩腳掌為軸，體向右後轉180°，重心移至右腿，並屈膝成
右弓步。同時右手持劍，順勢向右前（西北）下揮臂橫砍
（手心向下），劍尖同膝高。左手劍指伸向左後，手心向
下。體微前傾，目視劍尖方向。（如圖143、144）

【要點】抽帶、交劍、橫砍要連貫，並與轉身弓步協調一致。

【技擊含義】敵械向我身後下刺，我速轉身橫砍截之。

56.分手小雲摩

【動作】身向後坐，左腿微屈支撐體重，提右腳屈膝高抬，成左獨立式，身微後仰。同時右手持劍，外旋屈腕（手心向裏），使劍在面前，由右向左平劍（刃左右）雲繞，左手收回（手心向前）握劍（兩手手心相對交接劍）。

接著，右腳前落屈膝，成右弓步。同時左手持劍，外旋轉腕，順雲繞之勢向前（西）平斬，劍與肩平，手心向上，右手變成劍指屈臂伸向右前方，手心向前上。身正，目視劍尖方向。（如圖145、146）

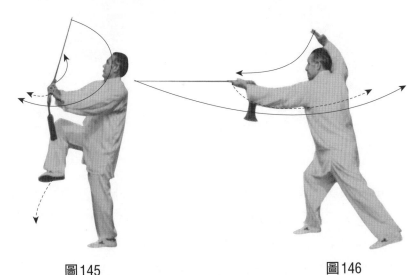

圖145　　　　　　　　　圖146

【要點】雲繞、交劍、平斬要連貫，並與身、步法協調，腕的旋轉要靈活。

【技擊含義】敵槍刺我咽，我坐身雲劍，避卸其力，隨即沾黏其械，削斬其身手。

57.鳳凰旋窩

【動作一】兩腳掌碾地，身向左轉，重心移至左腿，並屈膝成左弓步。同時左手持劍，手型不變，順勢向左平掃，右手劍指向右平伸，手心向上。身正，眼隨劍視。（如圖147）

【動作二】身體繼續左轉（面向東），左腳蹬地跳起，提右腳向前（東）跨跳（騰空）一步，落地時腳內扣（腳尖向西，此時已轉體360°），左腳隨轉身收至右腿旁。同時左手持劍，內旋屈肘翹腕（手心向上），使劍身

圖147

圖148

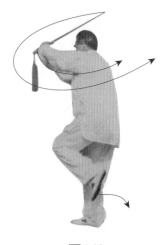

圖149

順勢在頭上（平劍）向左向後向右雲轉，右手劍指附於劍柄（手心向上），以助其力（過渡式）。（如圖148、149）

圖150

【動作二】左腳向後（東）撤步落地，並以兩腳掌為軸，順勢繼續向左轉身180°（面向東），伸右腿屈左膝成左弓步。同時左手持劍，順雲轉之勢，向左向前上揮臂前削，手心向下，右手劍指，在削劍時，向右分開與左手呈對稱手勢。身微前傾，目視前方。（如圖150）

【要點】這是一個配以掃劍、雲劍法的跳躍動作，練習時動作應完整一體，中間不可停頓，跨跳的步幅一般以一大步為宜。不能跳躍者，可用右腳前邁轉身，左腳退步再轉身代替。

【技擊含義】敵械身後偷襲，我轉身平掃(或上或下)。敵又抽械上刺（咽、頭），我順勢屈臂翹腕收劍，用橫劍托架其械。隨即內旋屈腕雲劍，由雲轉可將敵械雲壓在劍下，此時，黏其械速削其身。

58.撥草尋蛇

【動作一】向後坐，屈右腿，左腳收回半步，腳尖點地，成左虛步。同時兩手收至腹前，成雙手握劍式（右手在前），劍尖向前下方，刃上下。身正，目視前下方。(如圖151)

【動作二】收提左腳，並立即向前邁出，成左弓步。同時兩手握劍，右手外旋（左手隨之）向左攔撥（刀左右）。隨之，右腿跟進一步，成右弓步。同時兩手握劍，向前（東）下刺出，劍尖高在膝胯間。身正，目視劍尖方向。（如圖152、153）

【動作三】向後坐，屈左腿，右腳收回半步，腳尖

圖151

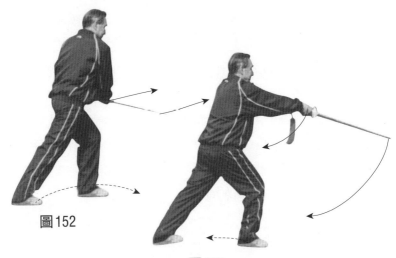

圖152　　圖153

著地為右虛步。同時兩手握劍，順勢收至腹前，劍型不變。接著，收提右腳，並立即向前邁步，成右弓步。同時兩手握劍，右手內旋向右攔撥，隨之，左腿跟進一步，成左弓步。同時兩手握劍，向前下刺出，劍尖高在膝胯間。

圖154

身正，目視劍尖方向。（如圖154、155、156）

【要點】攔撥與前刺要連貫。攔撥主要是向左右移動劍柄，劍尖不可遠離正中線，亦即不可用劍尖攔撥。收提腳是閉躲，應與攔撥協調一致。

【技擊含義】坐身收劍，可視為格鬥前的預備動作，亦可視為敵進刺，我收帶的走化

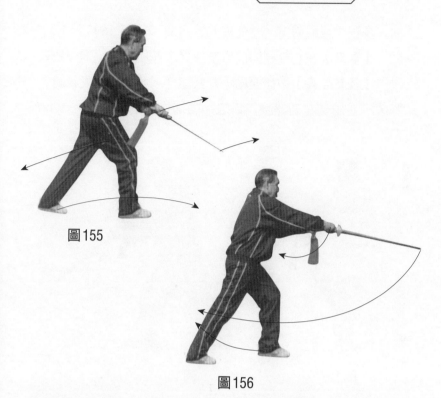

圖155

圖156

動作。敵刺腿，我提而躲閃，並用劍攔撥之，隨即沾黏其械，進步刺其腿。

59. 烏龍擺尾

【動作】身後坐於右腿，提左腳後退一步，成右弓步。同時雙手持劍，右手臂內旋轉腕（左手隨之），向體左側下掛，並順勢在體側向上向前逆向繞一立圓。接著，身體繼續後坐於左腿，右腳提至左腿側。同時雙手持劍，右手臂外旋轉腕（左手隨之），在體右側向下向後掛劍。繼而，右腳前落屈膝成右弓步。同時兩手持劍，順勢繞圓後，下劈於體

前。身正，目視前方。（如圖 157、158、159、160）

　　【要點】左右掛劍與前劈要連貫，並與步法協調一致。

　　【技擊含義】敵械連續下刺我腿部，我退步（或提腿）躲閃，並用劍左右連續勾掛之，隨即尋機前劈其身。

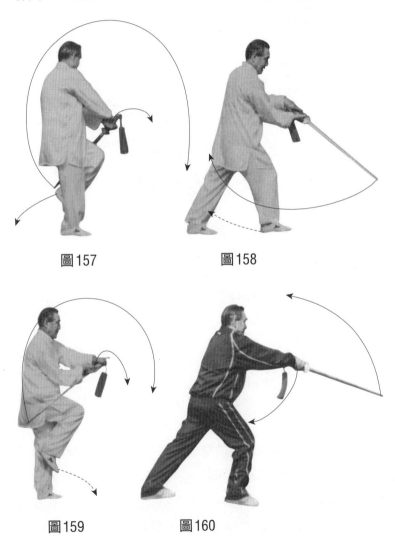

圖157　　　　　　圖158

圖159　　　　　　圖160

圖161　　　圖162

60. 金雞點頭

【動作一】坐身於左腿，右腳尖上翹成右虛步，同時雙手持劍，手臂下沉，翹腕用劍上掛，劍尖與頭齊高。接著，伸左腿屈右膝，成右弓步。同時雙手持劍，向前伸臂屈腕，用劍向前下點擊，劍尖與膝齊高。身正，目視前方。（如圖161、162）

【動作二】重心前移至右腿，左腳向前邁一步，腳跟著地成左虛步。同時雙手持劍，沉臂翹腕，用劍上掛，劍尖與頭齊高。接著，伸右腿屈左膝，成左弓步。同時雙手持劍，向前伸臂屈腕，用劍前點，劍尖與腹齊高。身正，目視前方。（如圖163、164）

【動作三】重心前移於左腿，右腳前邁一步，腳跟著地成右虛步。同時雙手持劍，沉臂翹腕，用劍上掛，劍尖與頭齊高。接著，伸左腿屈右膝，成右弓步，同時雙手持

圖163　　　　　　　圖164

劍，向前伸臂屈腕，用劍前點，劍尖與肩齊平。身正，目視前方。（如圖165、166）

　　【要點】上掛劍，劍身稍向左右略偏，掛與點要連貫，劍法與步法要協調一致。

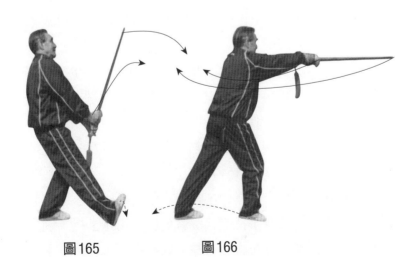

圖165　　　　　　　圖166

【技擊含義】敵用械上刺，我掛之，以卸其勢，隨即向前點擊其身。

61.轉身擒虎

【動作一】體向右轉90°，右腳向後（西）撤一步，並屈膝成右弓步。同時右手持劍，手臂外旋（手心向上），向右後平掃，左手成劍指向左側平伸，手心亦向上。接著，上體順勢繼續向右後轉動，右腳蹬地跳起，提左腳向前（西）跨跳（騰空）一步，落地時腳尖內扣（轉向東，此時已轉體360°），右腳隨轉身收靠至左腿旁。

同時右手持劍順平掃之勢，屈臂（手心向下）在頭上（平劍）向後向左雲轉，左手劍指與右手合攏，以助其力（過渡式）。（如圖167、168、169）

【動作二】右腳向後（西）伸出落地，並以兩腳掌為軸繼續右轉，成右順勢步。同時右手持劍雲轉後，從左肩

圖167

圖168　　　　　　　　　圖169

圖170

外立劍下壓。隨即手臂內旋，經腹前弧形提拉至右前方，手心向右，刃前後，左手劍指按於襠前（手心向下）。體微右傾，目視前方。（如圖170）

【要點】平掃、雲劍、提拉三劍要連貫，並與轉身、步法協調一致。

【技擊含義】敵用槍從身後偷襲，我轉身橫掃（或上或下）。敵抽槍上刺（咽、頭），我順勢屈臂翹腕收劍，用橫劍托架其槍，隨即內旋屈腕雲劍，經雲轉可將敵槍壓於劍下，其時我用左手抓其槍杆，右手劍黏槍向上提拉以削其手。

62. 迎風撣塵

【動作】體微右轉，身後坐，屈左膝，右腳收回半步成右虛步。同時右手持劍，外旋轉腕，使劍從左向上向右向下，在體前繞弧掛截（手心向前），刃左右，左手劍指至劍柄。身正，目視劍尖。（如圖171）

圖171

【要點及技擊含義】見第39式，略。

63. 白蛇吐信

此動見第40式，略。（如圖172）

64. 擋門劍

此動見第9式略。（如圖173）

圖172

圖173

65.鷂子穿林

【**動作一**】體右轉90°，伸左腿重心前移，右腳跟內轉，屈膝成右叉步。同時右手持劍內旋，左手在右手後握把（*雙手握劍*），並收帶於胸前，劍尖斜上，刃上下。接著，左腳向左側（西）邁出一步，右腳跟進成併步式。同時兩手持劍向左側平刺（*右臂伸直，左臂稍屈*），刃上下。身正，目視劍尖方向。（*如圖174、175*）

【**動作二**】右腳向右後（東）退一步並屈膝，左腳稍收，腳尖著地，成左虛步。同時兩手持劍收抱於胸前，劍尖斜上，刃上下。

接著，以兩腳掌為軸，體向左轉，成左叉步。同時兩手持劍，右手臂前伸，外旋翻轉（*左手隨之*），用劍向左攔格，並收帶於胸前。隨即右腳向右側（西）邁出一步，

圖174

圖175

左腳跟進成併步式。同時兩手持劍向右側平刺（左臂伸直右臂稍屈），刃上下。身正，目視劍尖方向。（如圖176、177、178）

圖176

圖177

圖178

【動作三】同動作二，唯方向相反。（如圖179、180、181）

【要點】帶劍、刺劍要側身（如同鷂鷹斜飛入林）。帶劍時劍身應保持兩斜，即劍尖高於劍柄，劍尖靠近敵我正中線。而劍柄稍離胸部，帶劍與轉手，刺劍與進步要協調。此劍法在套路中，一般應走奇數，即三、五數。

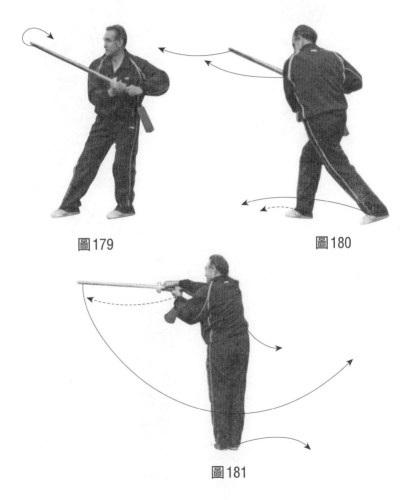

圖179　　　　　　　　　圖180

圖181

【技擊含義】敵用槍刺我胸喉，我轉身帶劍，以卸其力，並黏其械進步刺之。敵又刺我肩，我再轉身帶之。

66.退步撩陰

【動作一】右腳向後（東）退一步，並屈左膝成左弓步。同時右手持劍，向右後反撩（虎口向下），下刃向上，劍尖高與胯齊，左手鬆握成劍指，伸向左側（虎口向下）。體微前傾，目視劍尖方向。（如圖182）

圖182

【動作二】重心移至右腿，提左腳於右膝內側，腳尖內扣成獨立式。同時右手握劍，外旋上挑（手心向前），左手收至襠前（手心向右）。身正，目視前方。（如圖183）

圖183

【要點】撩劍與退步，挑劍與提腿要協調一致。

【技擊含義】敵槍從身後刺我腿，我退步向右後截其槍，隨即撩挑其身。如敵使用短械進攻，我亦可做「進步撩陰」（見光碟）。

67. 懸崖勒馬

【動作】身向左轉90°，左腳外轉落於原處。同時右手持劍，劍型不變，向左腿外下掛，左手劍指收至右手腕。接著，右腳向前（西）上一步，腳尖內扣落地，兩腿屈膝下蹲成馬步。同時右手持劍，順下掛之勢，以肘為軸心，在體前向上向右向下反劍繞圓下點。繼而以兩腳掌為軸，向右轉體，伸左腿屈右膝，成右弓步。同時右手持劍，手臂內旋，向前（西）立劍刺擊，劍與肩平，左手劍指，伸向左側（手心向前）。體微前傾，目視劍尖方向。（如圖184、185、186）

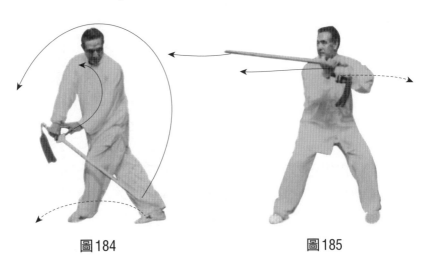

圖184　　　　　　　圖185

圖186

【要點】下掛及繞圓要快，在快速運劍中，突停下點，因以得名。這裏的「點」，只是從用劍的方向上而言，如果從手法上和劍法上看，可謂「崩」。掛、點、刺要連貫，並與轉身協調一致。

【技擊含義】敵械下刺，我掛其械，並進步速點擊其腕，隨即前刺其身。

68.鈎掛連環

【動作一】身後坐，重心移至左腿，膝微屈。收右腳，腳尖著地，為右虛步。同時右手持劍手臂內旋，向左側下掛，左手劍指收至右腕，以示助力。接著，右腳提起向左前（西南）移動，腳尖外撇落地。同時右手持劍，順左掛之勢，向上向前繞弧之後，反臂（臂外旋）向體右側下掛，手心向外（北），左手劍指，隨右手而動。體微含胸左轉，眼隨劍走。（如圖187、188）

【動作二】重心前移至右腿，膝微屈，並以右腳掌為

圖187　　　　　　　　　　圖188

軸，向右轉體180°（面向東），左腳隨轉身向前（東）邁出一步，伸右腿屈左膝成左弓步。同時右手持劍，順右掛之勢，以肘為軸心，在體左側向上向後向下再向前挽花繞圓倒掛（由體後向體前掛），左手劍指，仍隨右手而動。接著，重心前移，右腿屈膝高提，腳尖內扣，左腿微屈成左獨立式。同時右手持劍，手腕上翹垂劍上提，左手劍指變掌，隨柄而動。身正，目視前方。（如圖189、190、191）

【要點】三掛要連貫，倒掛應在左腳落地前完成。

【技擊含義】敵用槍連續刺我腿部，我則以連續掛劍破解之。

69.收 勢

【動作一】左手反握劍柄（護手），右手鬆把成劍指。隨即左腳蹬地跳起，右腳落地（原地跳換步）。同時右手劍指下落，經右腿側上提至右肩前，左手握劍柄後，

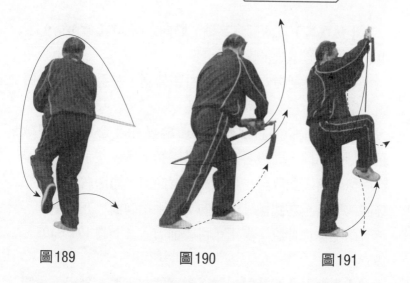

圖189　　　　　圖190　　　　　圖191

在體前向右向下向左弧形下摟至左膝外。接著，左腳前
落，並屈膝成左弓步。同時右手劍指向前推出，坐腕翹
指，左手握劍停於左腿外側，垂臂劍尖向上。身正，目視
右手。（如圖192、193）

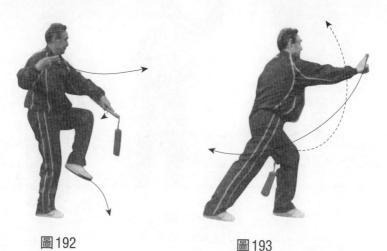

圖192　　　　　圖193

【動作二】以兩腳掌為軸，體向右轉90°（面向南），重心移於右腳，並屈膝成右弓步。

同時右手劍指向右下落於右腿外側，左手持劍，在體側上舉於頭的左上方。

接著，左腳向右腳靠攏（兩腳與肩同寬），兩腿微屈，腳尖向前。同時右手劍指從體側上舉，左手持劍經體前徐徐下落，並收至左腿側，手背向前，隨即右手劍指亦經體前下落至右腿側，手心向下，手指向前。在兩手下落時，兩腿徐徐伸直。身正，目視前方。（如圖194、195、196）

【要點】在運動中，劍脊應緊貼左小臂，劍刃不得觸身，兩手動作應與身步相協調。

圖194

圖195

圖196

附　錄

憶我的父親塞外武術大師吳桐

先父吳桐，字子琴，回族，1899年出生於內蒙古托克托縣的一個以農為業的武術世家。其祖父吳英是著名八卦掌宗師董海川的弟子，其三祖父吳耀也是綏遠頗有名氣的拳師。先父的幼年是在武場中度過的，耳濡目染使他與拳棒結下了不解之緣。後在其三祖父的精心栽培下，先父逐步繼承了家傳拳業。由於他好學悟性又高，學啥像啥，被稱為「拳母子」。他不畏艱辛，在學業之餘，跟三祖父起五更睡半夜，在特建的地下室（地窖）中飛快地走轉八卦（據傳吳英練習時，頭後的小辮可飄起來），每次運動量常達到3000多圈（即左右各40圈為一組，每次40組，其三祖父最大運動量為5000圈）。練後汗水浸透衣褲，腿無登階之力。筋骨的煎熬不僅增進了功力，而且也鍛鍊了堅強的毅力。在歸綏中學讀書時，他始終堅持練功，到畢業

時家傳八卦頗有功力。

　　歸中學畢業後，先父考入北平體育專門學校繼續深造，有位太極拳名師吳鑒泉在該校任教，經人引薦吳先生惜其功，破例地收了這位不能給師父磕頭的回族徒弟。

　　此後，先父每日傍晚去先生家中習練太極拳。功夫不負有心人，幾年辛苦，盡得吳氏太極拳真諦，成為鑒泉先生的得意門徒。

　　先父體專畢業後，被母校聘為體育教師，並兼任女子師範體育、音樂教師。1928年10月，中央國術館在南京舉辦第一屆全國國術國考（俗稱「打擂」）。先父與宋標代表綏遠省參加了比賽，並以三戰三捷的優異成績獲甲等獎宋標三戰兩捷獲乙等。在最後決賽局的比賽中，先父抽籤與一位身高體壯選手結成對手，相比之下，先父顯得矮了些。比賽時，經裁判介紹互相握手致意，對手輕言提示不要進攻頭部，以免出血難堪，先父表示同意，可是就在開賽後，對方言而無信，搶先以迅雷不及掩耳之勢，向先父頭面猛劈兩掌。

　　「此人乃無德之輩」，先父強壓心中的怒火，以靈活的身步躲開其連環掌，隨即連續進招，不給對方起手機會。從其進招手法，先父看出對手是硬功夫，不可迎架，否則輕者傷筋，重者斷骨。面對先父連續的攻擊，對方只有應招之勢。當他快退至場邊時，先父主動退讓一步，這時他又得機進劈，又是一掌，在其劈下一掌時，先父在退步後，又速起腿猛踢一腳。對手當即仰身向後跌出。經檢查對手的眼睛受傷，流血不止。有人高聲喊：「犯規

了。」裁判長立即出來解釋：手戳眼睛，腳踢襠部為犯規，而腳踢眼睛，這是沒有想到的。賽後對手因傷勢過重（腦震盪）不治身亡。

這次擂臺賽，傷殘者很多，有評論曰：「這簡直是一場悲慘的生命賭博！」不管怎麼說，這條生命是消失在自己的手中，當時情景總浮現在先父的眼前，他非常懊惱。

擂臺賽後不久，綏遠省政府根據中央國術館電函各省，成立省國術館的電令，決定成立省國術館，並開始籌建工作。國術館董事會一致推薦先父為館長，並呈報中央國術館批覆。為提高國術聲望，批覆館長應由省主席兼任（當時由李培基兼任，1931年後由傅作義兼任），先父被任命為副館長，主持館內日常工作。

1929年4月，綏遠省國術館正式成立，館址設在歸綏市太平街關帝廟內。建館後，因人們都習慣去私人武場習拳，對官辦的武館很陌生，幾乎沒人來參加活動。在這種情況下，先父去拜訪回族武術前輩馬正英老師，想請他的弟子來館內參加活動，以便打開這冷清的局面。馬老師深明大義割愛相讓，把全部弟子送入館內，如馬印、白懷禮、王美、付世魁、代俊等人，馬老師亦被聘為教練。此後入館人數逐漸增多，國術館名聲不斷提高。

館內國術活動，每日下午三四點開始，至晚上七八點結束，如有比賽任務，經常練至晚上十點以後。教學和訓練都是按計劃進行的，要求也是嚴格的，新學員必須從統一的基本功和十趟彈腿開始，從徒手到器械循序漸進地學習。同時亦根據學員的身材特點和愛好因材施教。在教學

中，亦充分發揮教練的特長。

如先父以太極拳、劍和推手為主，宋標傳習八卦，雲連生主要傳授陰把槍，馬正英、程全忠教授長拳和各種器械。我的三曾祖父吳耀亦經常來館指導八卦和大杆子，馬印、王美等人也經常代師教新學員。在先父的領導下，館內武術活動開展的十分活躍，並經常派學員去機關和一些縣城進行武術輔導工作，1931年到1937年，歸綏、薩拉齊也先後成立了縣國術館。至1937年閉館前，共組織學員參加過四次全國和地區性的武術比賽，並取得了可觀的成績。在這些比賽中，先父均被聘為裁判。

國術館成立一年後，有一位山東口音的布商，每天下午來館內觀看武術訓練，數日後引起人們的注意。有一天上午工友向先父報告，那位山東布商要求會見吳館長，先父已明白其來意，並肯定他與打擂時的死者有關，便讓工友先把他讓到客廳招待，迅速通知各位教練來館。消息一經傳出，來了很多人，徵求客商的意見後，決定在國術館前院切磋。

開始後商人晃上攻下，而先父的「七星式」防守甚嚴，他不能得手，幾招後先父看出他的意圖，便有意露出破綻。只見客商迅速俯身雙臂抱住先父前伸之腿，想用抱腿拋扔之招法。須知用此招法的人，其勁力是非同尋常的，然而就在抱腿之後，用力之前，先父把襠勁往下一沉，便把其拋扔之力鎮住了，可是他卻未鬆手變化招法。

此時，先父在其面前揮舞雙手說：「我可打你的牙，也可戳你的眼，按常規武術比到這個份上，只要鬆開手就算結束了。」可是對手瞪著眼僵持著，無奈之下，先父一

手按其頭頂，一手托其下頜，此乃太極拳「高探馬」的招法，只要兩手用力一擰，其頸部就會收到極大的傷害。就在這時，場外的雲連生老師大聲喊道：「子琴不可！」對方已知自己的危險處境，便鬆開了雙手，心服口服的離館而去。透過這次功夫較量，先父得機而未出手傷人的高尚武德風範，給在場的人留下了深刻的印象。

太極拳是先父從北平帶回來的新拳種，當時多數人聞所未聞，個別人雖有聞，而未見其實。當先父演練時，因它的動作柔且慢，許多人認為只適合姑娘練習，所以一時把它稱作「姑娘拳」，學練者很不踴躍。當教授老學員推手時，只見先父運用沾連黏隨化打自如的太極勁力，使他們一個個站不穩，拳技、勁力全然用不上時，覺得太極勁力很神奇，就這樣才逐步開展了這一拳種。

國術館成立後，先父把他在歸綏中學任武術教員的雲連生老師聘到館內擔任教練。雲是我曾祖父的弟子（學八卦和大杆槍），所以按師承關係他是先父的師叔。雲先生又在拉薩齊從郭玉宏學得陰把槍，先父在國術館拜他為師，學習這一槍術。他雖身居領導，卻對老拳師十分尊重，尤其是對生活不寬裕的雲師，可說是關懷備至。雲師對他亦很偏愛，傳授槍法總是單個進行，見有人來就停止訓練，或練練一般槍法，所以先父槍術進步很快。

有一次師徒在研究槍法時，雲師出了奇槍被他破解，便把槍放置一旁驚喜地問：「你怎知道的？」先父用太極拳理論加以解釋，雲師非常欣賞地說：「唉！你都懂了，只需多練掌握勁力了。」師徒二人經常在國術館後院或殿

堂（關帝廟正殿）內進行纏槍練習，並把他編寫的槍譜交給先父。在1984年武術挖整工作中，許多老館員如馬印、白懷禮、付世魁都說：「雲老師的槍術除你父親外，其他人只學了皮毛。」此外，雲老師還傳授了捌把劍法。

聽老人們將先父青年時的故事，內容總是大膽的、暴烈的、好鬥的，而故事的結尾總是以「後來他的性格變了」一句來結束。究其根源應該說，他是從長期的武術鍛鍊中，特別是從太極拳中，悟到了較為完美的做人處事原則。在家中我們姐弟五人，從沒因煩他而受到責難，我們享受過真正的父愛。跟他學過武術的人也都稱讚他的耐心。在國術館他從不以領導自居，對老學員如馬印等，因年齡不相上下，總是以師兄弟關係相處，相互學習，太極拳也是以代師傳授的方式進行。有一次在外地參加比賽時，他把代教的幾位弟子引薦給鑒泉老師，吳先生很高興地接受了他們，並加以鼓勵。

1937年「七·七」事變後，日寇侵占歸綏，國術館關閉，他率家遷回故鄉托縣，與退守至該縣的傅作義主席相見。傅讓先父以托縣回族代表身份，參加日寇在歸綏組織召開的日偽「西北回教聯合會厚和回教支部」的成立會，並尋機打入敵人內部做地下工作。先父是有民族氣節的武術家，便毅然接受了這一秘密指令。

隨後組織了精幹的工作小組（並配有電臺），1939年，得機會擔任了日寇「厚和回教青年學校」校長職務，以此掩護其抗日工作身份。此後他截獲了日寇進攻五原的情報，立即電告傅作義將軍。1940年春，日寇在五原戰役

中損失慘重。在先父的自傳中有這樣一句：「當我獲悉我軍五原大捷的消息時，感到萬分欣慰。」

日寇失敗後，在知識界大肆拘捕，先父獲悉脫險至北平。日寇對我家進行了翻箱倒櫃的野蠻搜查（主要找電臺）。母親因驚擾而重病了一場。待事態平息後，他由北平輾轉至綏西陝縣（當時綏遠省臨時省會）。傅作義將軍不顧國民黨綏遠省黨魁潘秀仁的反對（潘說父親是漢奸），以這一功績報國民黨中央，委任他為國民黨綏遠省黨部委員謙第三督導區專員之職，直至抗戰勝利。

回教青年學校有個日本顧問叫小村八二男（人們都叫他小村），平時在校園內專橫報復，指手畫腳，使人見而生畏。他愛好摔跤，平時常讓學生陪他練習。回族學生不乏摔跤好手，但畏其野蠻報復，而不敢使絕招贏他，只是陪他練習。時間一長，小村覺得和學生摔跤不夠刺激，一心想試探一下中國武術的虛實，於是邀請先父與他摔跤。消息不脛而走，圍觀的學生很多。

一交手小村便抓臂轉身，想把先父從其身前「背摔」下去。但就在其轉身後，背摔前，先父用膝一頂其屁股，他便跟蹌幾步，來了個「狗吃屎」。小村爬起來紅著臉，還沒悟出自己是如何爬下的，卻又以餓虎撲食之勢抓攔。這次先父卻來了一個頂膝壓肩的招法，使其一個屁墩坐在地上。為了給小村一個臺階下，順手把他拉起來，讓學生陪他練練，不料學生見有校長在場壯膽，也沒有給他面子。一個學生以俐落的動作，把他重重地摔在地上。不知誰喊了一聲「扯活」之後（暗語，快跑之意），該生應聲

而跑。小村慘敗後，不知從這次的較量中悟出什麼道理，盛氣銳減，從此沒有了摔跤的興趣。

1954年抗戰勝利後，第三督導區撤銷，先父被調回綏遠省黨部工作（主管總務）。抗戰期間的綏遠省回教救國協會，改組為省回教協會，他當選為理事長。1947年在他的積極籌劃下，省國術館復館，並建立了四個分場。他仍任副館長（董其武主席兼任館長）。1949年省府機構改革，將民教館、圖書館、國術館、體育場合併為綏遠省社會教育推行委員會，他被任命為主席委員，直至「九一九」和平起義。

他是一個老國民黨員，多年來為國民黨效力，對共產黨沒有認識，但他卻是一個有正義感的人，在新中國成立前結識了一些進步人士，在與他們的交往中，先父對共產黨逐步加深了認識，對照國民黨日益腐敗的現狀，盼望解放之心油然而生。1949年9月19日，綏遠和平起義，他以綏遠省回教協會理事長的名義在起義書上簽字，從此走上了新生之路。

新中國成立後，他參加了各個時期的政治運動，受到了黨的培養和教育。特別在土改運動中，他深入農村受到了極大的鍛鍊，政治覺悟得以提升，從思想上認識到，新中國成立後包括回族在內的全國各族人民，在共產黨毛主席的領導下確實翻了身，自己也獲得了新生。社會主義建設的偉大成就激勵著他，尤其是他看到在黨的領導下，武術這項寶貴的民族文化遺產進一步發展的新局面，精神更加振奮。他被調到內蒙古體委後，為開展武術活動做了大量工作，曾組織全

區武術巡迴表演隊，赴各盟市表演，對推動全區武術活動起到了積極作用。他不畏疲勞經常為團體和個人傳授太極拳、劍，亦多次參加地區和全國性的武術比賽和裁判工作。在這大好形勢的鼓舞下，他也不斷總結幾十年來，在武術鍛鍊和傳承中的心得體會，並做了創新性的改革和發展。

陰把槍是一種實用槍術，原本只有單式應用槍術的訓練和對練，並無套路練習。因所處時代的不同和前輩先師們的執著追求，經幾代相傳，他們在繼承中不斷地發展著它的技擊精華。自 1928 年到 1937 年，先父從雲先生學習槍術期間，也許是由於他的職業本能（體育教師和國術館館長）之故，在總結老師的傳授方法之後，就開始思考，如何才能將這一優秀的民族文化遺產，長久而全面地傳承下去。要想發展武術文化，就必須以「體」為綱，只要抓住這個綱，才能帶動技擊的發展。

順著這一思路，他自然想到了家傳楊家四十槍套路，並獨自用陰把握搶法演練，在演練過程中，逐步將陰把槍的內容融合其中。但這一研究因「七七」事變，國術館關閉而擱置下來。直至抗戰勝利後的 1947 年省國術館復館後，他重操舊業，繼續研究擱置多年的課題，終於創編了「陰把槍套路」，補充了該槍術無套路的空白。此後他多次在公開場合表演，如 1953 年在華北運動會及第一屆少數民族運動會上均獲一等獎。之後，他在對我的傳授中，仍在不斷的修改和完善它。

太極拳是伴隨先父走到終年的拳術，即使在抗戰時期，最艱難的農村工作期間，亦經常練習，因而對其身心

健康，發揮了至關重要的作用。他在多年的傳授中，尤其在對老年人的傳授實踐中，發現他們既覺得「簡化太極拳」簡單，提不起練習興趣，又感到老套路在結構上太繁瑣，重複拳式多，難以記憶，即使學會了，在個人練習時，也難以完整的練習下來。就像一位老拳師講的故事：曾經在一次表演會中，一位太極拳表演者上場表演了很長時間，怎麼也收不了勢。

根據老年人學練太極拳所反映的實際問題，先父經長期的思考，認為有必要精簡套路中過多的重複內容，如此更能適合老年人學練。於是他對照拳譜反覆演練，精簡編排，並適當地增加了反向的對稱拳勢，如下勢、攬雀尾、蹬腿法以提高鍛鍊效果。不知演練了多少時日，大約在1960年（他已退休），讓我學習新編排的套路。從此，我在傳承老套路的過程中，又增加了新內容，並在傳承中對個別內容做了適當的修改。從我多年的傳授（包括我的學生們的傳授）實踐反映來看，人們對該套路較為贊許。

人稱先父在拳、劍、槍上有三絕的真功夫，這是他在長期艱苦練習中獲得的。他練的太極拳實質上融進了家傳的八卦手法，他將雲先生傳授的捯把劍巧妙地與太極劍相結合，使該劍術在體用方面更加完善。因而被譽為「塞外武術大師」。

在20世紀60年代初，當他編寫的《靠身捶》面世後，本想把太極拳、劍和陰把槍亦用文字的形式留給世人，不料於1962年10月因積勞成疾，舊病復發而帶著極大的遺憾與世長辭。

　　先父生前曾擔任綏遠省民族事務會委員，內蒙古體委辦公室副主任，內蒙古政協第一、二屆委員。

　　今年（2016）是先父誕辰117周年，此時此刻，我不僅以對父親的思念之情悼念他，更覺得應緬懷他對中國武術文化的繼承和發展所做出的貢獻；緬懷他在國家民族危亡之際，不顧個人安危，參加抗日地下工作的精神；緬懷他在關鍵時刻能明辨是非，勇於投向人民正義事業的氣概。我決心繼承先父的遺志，為中國武術文化事業的發揚光大，盡自己的微薄之力。這裏可以告慰先的是和吳敬賢（他的弟子）已編著了《陰把槍》一書於1990年由人民體育出版社出版，2011年由山西科技出版社再版。現在又出版此書，卻也了卻了他的夙願。

吳桐大師太極拳照

　　這套拳是拍攝於1961年金秋，因拍照訊息來的突然，身邊又沒有相稱的表演服，故只穿了呢製的中山服。拍攝時因服裝不寬鬆，動作受到拘束，且聳肩動作較明顯，很不理想，計畫以後再拍一次。遺憾的是這機會再沒有來。換言之，這也是他留給世人的唯一的太極拳功架照，隨書公示，以供觀賞。

　　多年來筆者在傳授這套拳時，對個別內容做了微調，如在「十字手」後，又加了「斜摟膝拗步、轉身摟膝拗步、攬雀尾、單鞭」覺得如此連接招勢更流暢。亦把「左右穿梭」改成「四角穿梭」，並將鑒泉宗師，在北京時傳

授的，與在上海時傳授的，該拳式不同的練法收容其內，使套路內容更加豐富。

1. 起 勢

圖1　　　　　圖2　　　　　圖3

2. 攬雀尾

圖4　　　　　　　圖5

圖6　　　　　　　　　　　　　圖7

圖8　　　　　　　　　　　　　圖9

3.樓膝拗步（左、右、左）

圖10　　　　　　圖11

圖12　　　　　　圖13

4. 手揮琵琶

圖14　　　圖15　　　圖16

5. 搬攔捶

圖17

圖18

圖19

6. 如封似閉

圖20　　　　　　　　圖21

7. 抱虎歸山

圖22　　　　　　　　圖23

8.十字手

圖24　　　　　　　圖25

9.肘底看捶（轉身）

圖26　　　　　　　圖27

10. 倒攆猴（左、右、左）

圖28　　　　　　　　圖29

11. 斜飛勢

圖30　　　　　　　　圖31

12. 提手上勢

圖32

圖33

13. 白鶴亮翅

圖34

圖35

14.左摟膝拗步

圖36

15.海底針

圖37

圖38

16. 閃通臂（扇通臂）

圖 39

17. 撇身捶

圖 40

圖 41

18.退步搬攔捶

圖42　　　　　　　　圖43

圖44

19.雲手（一、二、三）

圖45　　　　　圖46

20.單 鞭

圖47

21. 左高探馬

圖48

22. 右分腳

圖49

圖50

23. 右高探馬

圖51

24. 左分腳

圖52

圖53

25. 轉身左蹬腳

圖54

圖55

26. 踹 腳

圖56

27. 進步栽捶

圖57

圖58

28. 翻身撇身捶

圖59

圖60

29.上步高探馬

圖61

30.拍 腳

圖62

圖63

31.退步打虎勢（左、右）

圖64　　　　　　　　　圖65

圖66　　　　圖67　　　　　圖68

32. 雙峰貫耳

圖69   圖70

33. 轉身右蹬腳

圖71   圖72

圖73

34. 右下勢

圖74

35.野馬分鬃（左、右）

圖75　　　　　　　圖76

圖77　　　　　　　圖78

圖79

3. 左右穿梭

圖80

圖81

圖82　　　　　　　　　　　圖83

37.單 鞭

圖84

38. 金雞獨立（左、右）

圖85　　　　圖86　　　　圖87

39. 拍面掌

圖88　　　　圖89

40. 轉身十字擺蓮

圖90

圖91

41. 摟膝指襠捶

圖92

42. 左下勢

圖93

43. 上步七星

圖94

44. 退步跨虎

圖95

圖95（正面）

45. 轉身拍面掌

圖96　　　　　　　　　　　圖97

46. 轉身雙擺蓮

圖98　　　　　　圖99　　　　　　圖100

47. 彎弓射虎

圖101　　　　　　圖102　　　　　　圖102（正面）

48. 左攬雀尾

圖103　　　　　　　　圖104

圖105

圖106

49. 雲手（左一、二、三）

圖107

圖108

50.單 鞭

圖109

51.收 勢

圖110

圖111

歡迎至本公司購買書籍

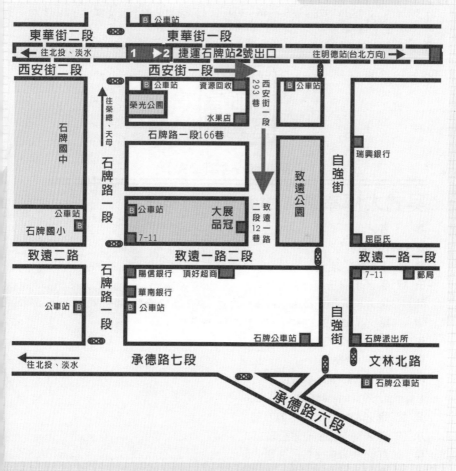

建議路線

1. 搭乘捷運‧公車

　　淡水線石牌捷運站下車，由石牌捷運站2號出口出站(出站後靠右邊)，沿著捷運高架往台北方向走(往明德站方向)，其街名為西安街，約走100公尺(勿超過紅綠燈)，由西安一段293巷進來(巷口有一公車站牌，站名為自強街口)，本公司位於致遠公園對面。搭公車者請於石牌站(石牌派出所)下車，走進自強街，遇致遠路口左轉，右手邊第一條巷子即為本社位置。

2. 自行開車或騎車

　　由承德路接石牌路，看到陽信銀行右轉，此條即為致遠一路二段，在遇到自強街(紅綠燈)前的巷子(致遠公園)左轉，即可看到本公司招牌。

國家圖書館出版品預行編目資料

吳式太極拳劍／吳秉孝　著
——初版，——臺北市，大展，2020〔民109.09〕
面；21公分 ——（吳式太極拳；4）
ISBN 978－986－346－309－2（平裝附數位影音光碟）

1. 太極拳
528.972　　　　　　　　　　　　　　109009744

吳式太極拳劍 附 DVD

著　　　者／吳秉孝
責任編輯／冉宏偉
發 行 人／蔡森明
出 版 者／大展出版社有限公司
社　　　址／台北市北投區（石牌）致遠一路2段12巷1號
電　　　話／（02）28236031・28236033・28233123
傳　　　眞／（02）28272069
郵政劃撥／01669551
網　　　址／www.dah-jaan.com.tw
E－mail／service@dah-jaan.com.tw
登 記 證／局版臺業字第2171號
承 印 者／傳興印刷有限公司
裝　　　訂／佳昇興業有限公司
排 版 者／弘益電腦排版有限公司
授 權 者／山西科學技術出版社
初版1刷／2020年（民109）9月

定　價／380元

大展好書　好書大展
品嘗好書　冠群可期